売り時と買い時のサインを見破る
スガシタ式・投資の強化書

株とチャートでお金持ちになる!

国際金融コンサルタント・投資家
菅下清廣
Kiyohiro Sugashita

実務教育出版

目次

序論　スガシタ式「投資のライフスタイル」とは

第1章　スガシタ式 株式投資の極意
初級者のための、大切な〝アタマのレッスン〟

第2章

チャートで株価の「先」を読む

株価の波動の基本形を知れば、初級者でも今日から活用できる

第4章
多くの投資家が共通して抱える質問、疑問に答えます
初級者も、中・上級者にも必須のQ&A

第5章

投資の中・上級者に多い質問、疑問に答えます

チャートのスパン、暴落回避、証券会社の選び方、株以外の投資の極意について

■ 編集協力　㈱編集社、Office Yuki
■ カバーデザイン　藤井国敏
■ 本文デザイン・図版　西崎文
■ 図の資料　鈴木潤一

序論

スガシタ式
「投資のライフスタイル」とは

投資のライフスタイル

投資で成功するために必要な準備とは

勘や運にまかせていては必ず失敗する

私が実践している「投資のライフスタイル」

まず初めに、私の投資家としてのライフスタイルについて、お話させていただこうと思います。

なぜ、私が株式投資をしているのか。

それはもちろん、私が投資家という職を生業にしているからではありますが、それだけではありません。株式投資は私のライススタイルそのものでもあるのです。だから、投資=私であり、私の人格、人生そのものでもあるのです。

まずこの点を最初にお話をして、これから投資を始めるという方もふくめて、読者の皆さんの投資ライフに少しでもお役に立てれば、幸いに思います。

なぜ、私は株式投資をするのか。

その答えは実に明快です。それは、

人生の自由を手に入れるため

です。

人生の自由を得るために、投資をしています。そのために**投資頭脳を磨き**、自由を得るための成果を得ています。

では、人生の自由とは何でしょうか。

それはまず、

経済的な自立

が挙げられます。

投資で成功して富を得られれば、人に雇われて月給をもらう給与所得者である必要はなくなります。これは自立心のある人間にとっては一番幸せな状況です。

人に雇われていると、体調が悪くても出社しなければなりませんが、経済的自由を手に入れた人は、家で寝ていても構わないわけです。

そのため私が本書で皆さんに強く訴えたいことは、まず第1には**投資頭脳を磨き、投資で成功して人生の自由を手に入れてほしい**ということなのです。

誰にも束縛《そくばく》されることなく、マイペースで生活できるという人生を勝ち取ってほしいのです。

投資で成功するためには準備が必要

南の島に行きたいと思えばいつでも行ける。のんびりすることができる。休暇を取るのに、いちいち上司の許可を得なければならない生活から解放されるのです。例えて言うならば、こういったことがまず、第1の人生の自由です。そのためには経済的な自立が不可欠。

人生の自由を得るためだけならば、投資は単なるお金儲けの手段に過ぎないでしょう。「株で儲けてお金持ちになれればいいのか」という話になる。しかし、それでいいのでしょうか。それだけが目的かといえば、もちろん答えは、NOです。

一番大切なことは、**投資で成功するため、どういう準備をしなければならないのか**、という点です。勘や運まかせでは、長い人生の中で、最終的に、失敗するのは明らかです。

特に初心者の人には、これが最も重要なテーマになってくる。よく考えて欲しいのです。

この最大のテーマに関して、私は明快に皆さんに説明することができます。すなわち、

スガシタ流「投資で成功するために必ず必要な準備」

とは、ひと言で言えば、

カラダとアタマを磨く

ということです。

どんな人でも、体力と知力を磨く努力を続けなければ**投資で到底成功できない**ことを覚えておいてください。

投資のライフスタイル

投資頭脳を磨く方法は2つしかない
先人の本を読んで学ぶか、あるいは先人に直接話を聞く

知力を磨くとは投資頭脳を磨くこと

投資は何のためにやるのか。それは自由を手に入れるためであると前項でお話しました。自由を勝ち取るためには努力が必要です。しかし、努力したからといって誰もが成功するわけではありません。問題は努力の仕方です。

まず、投資を始めるための必要な準備があります。それは、体力と知力の練磨。体力、知力を磨くことに尽きます。

錬磨とは、練り磨くということ。投資において**知力を磨くとは、投資頭脳を磨くこと**です。学校の勉強がどんなに優秀であっても関係ありません。有名大学出の経済学者の予測がなぜはずれるのか。外資系銀行のエリート為替ディーラーが、なぜ大損するのか？ 机上の理論が、現実の株式投資には通用しないからです。だから投資頭脳を磨く必要がある。では、投資頭脳を磨くためにどうすれば

※3 **ジョージ・ソロス**：アメリカの著名な投資家。政治活動、慈善活動でも知られる。ジム・ロジャーとともにヘッジファンドの「クォンタム・ファンド」を運営

いいのか。まずは私の本を読んでくれればいい（笑）。それは半分冗談ですが、投資頭脳を磨く方法は2つしかありません。

まず第1は、**先人の教えを学ぶこと**。

良書を探して勉強するのです。投資に関する良書を探して勉強する。すでに投資で大成功している人たちがいます。ジム・ロジャーズ[※1]、ウォーレン・バフェット[※2]、ジョージ・ソロス[※3]などがとくに有名です。そのような人たちの著書を読んで彼らの投資に関する考え方や視点を少しでも取り入れるのです。

もう1つは、**先人に直接、話を聞くこと**です。

これが実はもっとも効果が上がる方法です。皆さんが「この人！」と思える人の講演を直接、聞きに行くことです。そしてセミナーなどへも積極的に参加することです。

私は「スガシタボイス」という有料の音声配信を行なっていますし、講演も数カ月に一度開催しています。もちろんこれらは1つのビジネスとして、行なっているものですが、もう1つ理由があります。それは個人投資家の皆さんに私の経験や知識を伝えて、少しでも投資頭脳をレベルアップしていただきたいからです。

なぜなら、長年相場世界で経験したことを、個人投資家の皆さんに伝えることで、少しでもお役に立てればという気持ちがあります。それは、私の周囲の人たちにもまた、人生の自由を手に入れて、幸福

※1　**ジム・ロジャーズ**：アメリカの著名な投資家。ヘッジファンドのパイオニア。ジョージ・ソロスとともにヘッジファンド「クォンタム・ファンド」をつくり活躍した。

※2　**ウォーレン・バフェット**：アメリカの著名な実業家、投資家。フォーブス誌の長者番付でビル・ゲイツと1、2を争う時期があった。

になってもらいたいからです。

知力を磨く努力をしている人は少ない

そのためには、知力を磨かねばなりません。

知力を磨く――。簡単なようでいて、しかしこれほど難しいことはありません。まわりを見回してみてください。日々、知力を磨いている人が何人いるでしょうか。これは非常に難しいことです。地道な努力を必要とします。自分でコツコツと地道に続けるしかないので、三日坊主で終わる人も多いのです。

知力を磨くとは、先人の教えを学ぶことですが、そこを目指す前にはまず、入門編として基礎知識を身につける必要があります。

そのためには、「日本経済新聞」は毎朝欠かさず読む。

そして「日経ヴェリタス」や「ダイヤモンドZAi」「日経マネー」、日本版の「週刊エコノミスト」、「週刊東洋経済」や「週刊ダイヤモンド」などの投資に関する特集記事に目を通しておけばさらに効果的でしょう。

ただ最近は新聞や雑誌に頼らなくても、ネットであらゆる情報を得ることができます。2008年のリーマン・ショック当時の状況を調べたい時は、インターネットで大量の資料を素早く集めることができます。こうした情報を基礎知識として持っておくことも重要であり、それが知力の鍛錬にもつながります。

基礎知識は金融、経済、投資の世界だけでなく、歴史や地理の分野も欠かせません。なぜなら、**歴史は繰り返す**からです。ですから、歴史を学んで知識を蓄えておくことは、投資する上で不可欠な素養なのです。知性がない人は、投資では勝てません。この点が競馬、競輪と違うところ。競馬、競輪は知性の高低は関係ない。しかし知性をランクアップしないと長期戦の株式投資では勝てません。

体力も投資で勝つための不可欠な要素

投資とは一種の**勝負**です。

将棋や囲碁と同じで、投資には歴然とした勝ち負けがあります。しかも投資は負けたら損をします。勝ったら得をする。だから勝負です。勝負はお金のやりとり。命の次に大切なお金のやりとりをするのです。

頭がボケない限り、投資は一生続けられるものです。知力が続く限り、仮に今日負けても明日勝てるチャンスがあります。逆に連戦連勝してしまうと、有頂天になって、大きなリスクを安易に取って財産をすべて失う場合もあります。株式投資には終りがないのです。勝ち続けることが大切です。実際に、そういう人たちを私は何人も見てきました。

知力だけでは勝てなくなるため、体力も投資に勝つ不可欠な要素になるのです。

ですから、**投資で成功するためには、健康管理も必須**です。

投資家は、プロ野球選手と同じで、毎日体調を万全に保って、バッターボックスやマウンドに立つ心境でなくてはなりません。しかもプロ野球選手はシーズンオフがありますが、投資家にはシーズンオフはありません。投資と健康管理は、一見関係がないようでいて、実は密接な関係があるのです。

始終、風邪をひいているような投資家は、まったく勝てません。

投資家は常に自分の持てる能力の１００％以上を出して勝負をしなければなりません。そのために体力が必須なのです。私は日頃から健康管理に細心の注意を払っています。

繰り返しますが、投資で成功するためには、知力と体力を磨くことが大切です。著名な投資家のジム・

ロジャーズも毎朝トレーニングに励んでいます。健康でなければ投資で成功することはできないし、お金持ちにもなれないのです。

この点が理解できれば、誰でも投資を通じて自由な人生を手に入れることができます。これがまさに、私の提唱する「投資のライフスタイル」です。

「彼（彼女）は、株で儲けているらしい。見るからに教養があって、ちょっと違うな」という周囲の評価になる。一時的に儲かるだけではだめです。後で大損する人もいます。投資の世界は是が非でも勝ち続けることが必要です。リーマン・ショックあり、チャイナ・ショックあり、しかしどんなショックがあっても、トータルで勝ち続けること。そのためにも十分な体力と知力の準備を怠らないことです。

「株をちょっと買って、儲けて、昼食代を稼ごう」という程度では、長続きしません。貧乏なライフスタイルの人は貧乏な投資になります。お金持ち、富裕なライフスタイルの人は、富裕なライフスタイルになるのと同じです。毎日の行動が、もうすべて違うのです。

投資のライフスタイル

富裕層のほとんどは投資で富を築いた！

1％の富裕層の富が残り99％の人々の富を上回る時が、もうすぐ来る

富裕層は全人口の1％だが……

今、世界の富裕層の中の、さらに**超富裕層と呼ばれる人々は、地球の全人口の1％**と言われています。この**1％の人の富が、世界の総資産の48％を占めています。**数年後には**50％を超えるだろうと予想されている。**そうなると、1％の人の富は、残り99％の人の富を上回る状況になるのです。2016年あたりからそうなると、欧米の研究所では予測されています。※

さらに超富裕層を細かく調べると、その中のベスト80人、つまりトップ80人の資産の合計は、1兆9000億ドルと言われています。80人で1兆9000億ドル。これは2014年の中国の歳入を上回る金額です。中国の歳入は1兆8600億ドル。トップ80人は中国の税収よりも多い富を持っていることになります。

また全人口の1％いるとされる富裕層。その平均資産は、円に換算すると1人あたり約3億5000万

※ 国際NGOオックスファムの調査

円です。ドルに換算すれば約270万ドル。一方、全世界の**約10億人を超える人々が、1日1ドル25セントで暮らしている**という現実があります。1ドル25セントとは、日本円で約150円。年収に換算すれば、約456ドル（約7万7千円）。凄まじいばかりの格差と言わざるを得ません。

富裕層のほとんどは投資で富を築いた！

この差はいったい何でしょうか。

米ドルを機軸通貨とするこの世界の格差は、富裕層の平均資産270万ドルに対し、最貧困層は1日1ドル25セント。いったいどうしてこういう差が生まれたのでしょうか。

注目しなければならないことは、**270万ドルの平均資産を持つ1％の富裕層はほとんどが自分で富をつくった人々**だということです。親などから資産を引き継いだ人は、ごくわずかなのです。10％にも満たない割合です。大半は一代で富を築いた人たちであり、**多くは、投資で富を築いています。**

超富裕層のトップ80人のうち、アメリカ人の35人はアントレプレナー（起業家）です。次いでドイツ人とロシア人が7人ずつ。ロシア人は資源関連で富を築いた人。不動産もあります。そしてそれ以外の人々は、投資によって巨万の富をつくったのです。

アメリカの35人の起業家も、もちろん投資をしていたでしょう。

以上の例でわかるように、**投資頭脳を持っていないと、絶対にお金持ちになれません。**

本来は、わが国でも幼稚園や小学校1年の頃から投資の勉強をさせるべきかもしれません。ところが、そういう教育は、日本では今のところまったくゼロです。誰も勉強をしていない。英語や数学の勉強はしても、投資の学習は敬遠されがち。これは問題だと思います。

本書は、私の40年近い投資家人生のエッセンスが詰まった投資家のための指南書です。

近年は高齢者の方々から、

「インターネットが使えないが、株のこと、投資のことをもっとよく知りたい」

という声を多くいただくようになりました。

そのため、若年層はもとより高齢者層の方でも読みやすく、わかりやすい構成、編集をしました。次章からの私のエッセンスを活用して、ぜひ株式投資でお金持ちになってください。

第1章

スガシタ式
株式投資の極意

初級者のための、大切な“アタマのレッスン”

極意 1

最もポピュラーで、誰にでもできる投資が株式投資

投資でのみ富裕層になるチャンスが残されている

株は最も簡単な投資

本書は、株式投資をこれから始めるという人、あるいは投資家になりたいという方を対象にしています。

「お金持ちになりたい」

「もっとお金を稼ぎたい」

「資産を殖やしたい」

と思っている方も多いと思います。本書を手に取ったきっかけも、そこに目的がある方が多いでしょう。

通常、日本の金融機関では、1億円以上の預金、金融資産を所持している人を、富裕層と定義しているようです。しかし富裕層になるのは大変であり、バーは非常に高い。誰もがお金持ちになれるわけではありません。特に1億円以上の純資産を持つ富裕層になることは至難の業とも言えます。

私がまず言いたいことは、

投資でのみ、富裕層になるチャンスが残されている

ということです。

お金持ちになれるチャンス、機会は、投資しか考えられません。

投資以外にも、お金持ちになる方法、富裕層になるチャンスはあることはありますが、ごくわずか。

それらはどれも投資よりも厳しい。富裕層への道は険しいと言わざるを得ません。

あなたがもし投資以外の方法でお金持ちになろうとするならば、会社を興して起業家になるか、大企業に50年ほど勤務して社長になるか、それしか実際の手段はないのです。

投資には、株以外に、不動産投資、FXなどありますが、株以外のマーケットで勝つのは、高度な知識が必要ということもあって非常に難しい。つまり、**最もポピュラーで、誰にでもできて、比較的入門しやすい投資が株式投資である**と私は考えています。

将来よくなりそうな会社を見つければいい

株式投資とは、一口で説明するならば、

株式投資の極意とは

● 株式投資とは？

将来よくなりそうな会社を見つけ投資すること

● どうすれば見つかる？

**あなたが最も関心を持っていて、
よく知っている分野、大好きな分野の会社を調べる**

ポイント

売れ筋商品を持っている会社を探す

将来よくなる会社を見つけることとイコールです。

これが第1のキーワード。最重要の出発点です。

将来よくなる会社とは、例えて言うならば、**あなたが就職したい、働きたいと思うような会社**です。

東京海上火災、UFJ三菱銀行などは大学生の希望就職先では常にランキングの上位ですが、これらは**今、有望な会社**です。現在有望な会社が、将来も有望かどうかはわかりません。株式投資は将来よくなりそうな会社を見つけて、投資するものです。

「そうは言っても、将来よくなりそ

うな会社が簡単に見つかるわけがない」

とあなたは思うかもしれません。しかし探すのは意外と簡単です。株式投資のプロでなくても、わかる方法があります。

あなたがITの世界に大変興味を持っているとしましょう。

あなたが最も興味のある分野ですから、IT関係の会社はどこが一番有望か、簡単に調べられるはずです。インターネットを使って、IT関連で将来有望な会社はどこか、探せばいいのです。

「GMOインターネットという会社は、優秀な社長がいるから今後も伸びそうだ」

とか、

「楽天はもう成熟期かもしれない」

などと、自分が興味を持っている分野の企業を調べて、将来伸びそうな会社を探せばいいのです。趣味と実益を兼ねる、有効的な手段です。

株式以外の投資では、いざ投資を始めるとなると、どうしてもさまざまな専門的知識が必要になってきます。特にFXや不動産投資は、かなりの専門知識が不可欠です。この点が、株式投資と大きく違う点です。

ＦＸや不動産投資と違って、株は、手続き、取引が簡単です。**初心者でも勝てるマーケット**です。

そのためにも、将来よくなる会社を見つけること。それが株の投資を始める際のキーワードとなるのです。

売れ筋商品を持っている会社かどうか

あなたが、普段から最も関心を持っている分野、大好きな分野の関連企業を調べれば、将来よくなる会社は、意外とあなたの身近なところにあると気づくはずです。

今は気づいていなくても、投資をする心積もりで真剣に調べていくと、自分の大好きな分野、得意な分野ならば、将来有望な会社は必ず見つけることができます。

というのも、そうした会社を見つけるには、**売れ筋の商品を持っているかどうかが、一つの大きな判断材料になる**からです。

あなたが大好きな分野、日頃から関心と興味のある分野（例えば、ファッションや化粧品、時計や家具など）ならば、売れ筋商品に詳しいはずです。そのため、次々とヒット商品を連発している会社、息の長い人気商品をいくつもかかえている会社を見つけることが、容易なのです。あなた自身が「ほしい」

株式投資の実践

● 第1のポイント

自分のよく知っている分野の会社で、売れ筋商品を持っている会社を見つける

● 第2のポイント

株価が値上がりしそうな会社に投資する

と日頃から思っている商品を扱っている会社は、まさに投資の対象です。まずはこの点に、注目していただきたいと思います。

繰り返しますが、

株式投資のみが、あなたが富裕層の仲間入りをするチャンスのある広い門

なのです。その他の道は、大変狭き門です。

将来よくなりそうな会社を見つけ、投資する。それにはあなた自身が就職先を探すような気持ちで調べればいい。就活とまったく同じです。

命の次に大切なお金を投資して、株を買うことは、あなた自身がその企業に就職したも同然です。自分の将来を賭けたということです。

実際に、これから株式投資を始めるという人の場合は、ネットでも、リアルでも、まずは証券会社に口座を開き、投資する手続きをする必要があるでしょう。そうした手続きの詳細は、たとえば『ダイヤモンドZAi』などに詳細に解説されています。

しかし本書は、**株式投資のための実践の本**です。**初級者のための実践講座**とも言えます。

では、実践とは、何か。

ずばり、株式投資で自分の資金を殖やす方法です。そのために、まずは**株価が値上がりしそうな会社に投資**しなければなりません。

これが第2のキーワードです。

極意
2
株価が値上がりしそうな会社の見つけ方
「見つけ方」は3つ。3つの条件に合う会社を探し出す

値上がりしそうな会社の見つけ方とは

株の投資のポイント、その第1は、将来よくなる会社を見つけ投資する。

そして、将来よくなりそうな会社の多くは、すでに業績がよく、株価が値上がりしているので、実践では今後も株価が値上がりするかどうか、その点を注意深く見ていかなくてはなりません。というよりも、見なければならないのは、そこだけ。判断する材料はそこだけしかないのです。

だから、株式投資は決して難しいことではありません。

では、実践編として、値上がりしそうな会社を見つけるには、どうしたらいいでしょうか。

ここで、スガシタ流「株価が値上がりしそうな会社の見つけ方」をお教えしましょう。

3つあります。この3つの条件に合う会社を探せば、見つけられます。

第1の条件は「人気」がある会社を見つける

株価は、なぜ上がったり下がったりするのでしょうか？

その理由の第一は、**人気**です。

人気のある会社の株価は、上がります。これが、

株式投資は、美人投票

だと言われている所以です。

たとえばミスユニバースの選考では、「この人が一番きれいだな」と思う人に皆が投票し、投票数の多い女性が一番になります。株の世界もこれと変わりはありません。「この会社はいいな」と思う人がたくさんいて、その株を買いたいと思う人が多ければ多いほど、株価も上がります。これが美人投票。

この反対が、人気のない会社です。

人気のない会社の株価は下がります。

ですから、**株式投資の初級者は、株価が上がりそうな会社の見つけ方として、まず第1に、人気がある会社を見つけること**、を心がける必要があります。

これが、スガシタ流「株価が値上がりしそうな会社の見つけ方」の条件の第1です。

投資に慣れてきて、上級にレベルアップすれば、次は会社の「人気」の中身をさらに精査しなければなりません。しかし初級者はまず、美人投票の要領で、人気のある会社に投資するのが一番手堅い手法です。

第2の条件は「儲かっている会社」を見つける

では「見つけ方」の第2は、何か。

それは、**儲かっている会社を見つけること**です。

そして儲かっている会社に、投資する。儲かっていないと、配当がありません。当たり前のことですが、増配もしなければ株主優待もないでしょう。企業業績が上がらないため、株価も上がらないのは当然です。

では、儲かっている会社を見つけるには、どうしたらいいか。

初級者としては、**売れ筋商品や売れ筋サービスのある会社を探す**ことです。

これは意外と簡単な方法です。なぜなら**あなた自身の生活の周囲に、判断の目安はたくさん溢れている**からです。

化粧品一つをとっても、凄い売れ筋の商品を持っている会社は、注目すべきです。

例えばこんなことがあるでしょう。

女性同士の会話で、

「最近とてもスマートになったじゃない？　どこかジムへ行ってるの？」

「〇〇〇に行ってる。いつ行っても人が多いわ」

となれば、そのスポーツジムは、要チェックの対象です。

ジムを経営している企業を調べ、条件に合えば、いち早く投資する。だから、儲かっている会社を探すことは難しくありません。皆さんの生活のあちらこちらに情報は溢れ、そうした身近な情報のほうが、テレビや新聞など、マスコミの情報よりも確実で鮮度がいい場合が多いのです。

第3の条件は「経営者がいい顔をしている会社」を探す

では、スガシタ流「株価が値上がりしそうな会社の見つけ方」の第3の条件は、何か。それは、
経営者がいい顔をしている会社を探すこと
です。これはもうインスピレーションを働かせるしかありません。
インターネットのホームページを見れば、会社の社長の顔写真が掲載されている場合が多いでしょう。まずはお目当ての会社の社長の顔を調べて、いい顔をしているかどうか、見てみましょう。ちなみに、

会社のホームページに社長の顔が出ていない会社は少々クエスチョン（疑問）です。著名な某投資ファンドのトップも、「経営者の顔が出ていない会社の株は買わない」と語っているほどです。

いい顔をしている経営者は、将来性があります。最近はフェイスブックに投稿している経営者も多いようです。特に新興企業の経営者は、気楽にフェイスブックを利用しています。だから「顔」は、チェックしやすい。

この第3の条件をよく考えれば、大企業の株では大きく儲からないことがわかってきます。なぜなら社長の大半が同じような顔つきをしているからです。一度見ただけでは、記憶に残らないような顔ばかり。大企業のトップはそういう「顔」が実に多い。それでもたまに「あっ、この人は……」と思える社長がいますが、その会社の株はやはり上がることが多い。

1つ例に挙げると、富士フイルム。

ご存知のように富士フイルムはフイルムメーカーでしたが、カメラのデジタル化、および携帯やスマートフォンの登場で、撮影が誰でも手軽にできるようになり、フイルムが売れなくなりました。業績も株価も当然、下り坂です。しかし現古森重隆会長が社長の時代に、いち早くこれを予見し、「このままでは富士フイルムは消滅する」として方向性を大転換しました。

バイオ部門の業績が大躍進。業績上向きになると、メディアも放ってはおきません。富士フイルムの記事が連日、新聞や経済誌に掲載されるため、さらに相乗効果を生みました。当然、株価は上がります。投資家たちもこういう企業に投資するようになります。

これから株を始めるという人は、経営者がいい顔をしているかどうか、つまり、経営者の存在感、リーダーシップがあるかどうかも、検討の材料にするとよいでしょう。さらに投資レベルがアップして、中級、上級になれば、**経営力のある会社を探すこと**もできるようになります。**経営力とは、事業に競争力があるかどうか**、です。事業モデルに競争力があれば、経営力があると見ます。

前述したように、新興企業、あるいは中堅企業のほうが、顔の見える社長は多い。そのぶん、企業の魅力のあるなしが、はっきりとわかってきます。年功序列で社長を選んでいるような大企業は、一概には言えませんが、社長の魅力に乏しい場合が多い。そのため、株価は上がったとしても、10倍になるようなことは間違っても起こりません。

株価が値上がりしそうな会社のポイントは、「人気、業績、経営者」

以上、ここまでのことをまとめてみましょう。

まず、**株価が値上がりしそうな会社を見つけるポイントは、人気、業績、経営者の3つ**に絞ります。

投資するならば、株価が値上がりする会社に投資する。

値上がりしそうな会社とは、人気のある会社、人気のある商品を売っている会社です。

そして**利益を出している会社、儲かっている会社**。

最後は、**経営者の顔が見える、いい顔をしたトップの会社を探す**。

このスガシタ流「株価が値上がりしそうな会社の見つけ方」の3条件をマスターすれば、『会社四季報』などを詳しく調べなくても、投資はできます。

また投資になれていない段階で初級者が『会社四季報』をあれこれ調べても、よくわからないので逆に混乱するだけです。それよりも、新聞やテレビなどで「儲かっている会社」「売れている商品を開発している会社」のニュースに接したら、まずは注目すること。メモをする。そしてどんな会社なのか、じっくり調べるのです。

東証一部上場企業だけでも、3500社以上ありますから、

①人気、②業績、③経営者の3条件で探せば、対象企業が絞ることができます。

「一番手っ取り早く投資を成功させる方法」とは

繰り返しますが、株式投資の初級者は、何よりもまず、**「自分の好きな会社を選ぶ」「よく知っている会社を選ぶ」**ことから始めてください。

あなたが好きな会社、あなたが好きな商品を売っている会社を選ぶ。あたかもそこに就職するような気持ちで選べば、真剣さも増すでしょう。大切なお金を投資するには、真剣さが不可欠です。

すると仮に三菱重工、住友電工といった名の知れた大企業であっても、**自分のよく知らない企業の株は、買えなくなります**。身近に感じる、自分の好きな会社に投資することは、この点でも、リスクの少ない、手堅い方法と言えます。

これがまず第1の方法です。

Q どんな会社の株を買えばいいのか

株式投資の極意

A 株価が値上がりしそうな会社

株価が値上がりしそうな会社とは

1 人気のある会社

2 儲かっている会社

3 経営者がいい顔をしている会社

以上の条件を満たす会社を見つける方法は？

▼▼

あなたが好きな商品を売っている（扱っている）会社を調べる

さらに…▼▼

好きな商品を売っている（扱っている）会社の周辺（同業他社、業界）も調べる

また、仮にあなたが現在サラリーマンであり、自分の会社が将来有望だと思うのならば、株主になるのもいいでしょう。

「うちの会社はいい会社なんだ」

と、愛社精神がいっそう湧くはずです。**給料をもらっているだけではお金持ちにはなれません。株主になるべきです。**

自分の勤める会社の株主になる場合は、毎月の給料の3分の1を株の購入にあてる方法もあります。

私が今20代のサラリーマンであり、自分の会社が「将来もいけそうだ」と判断したならば、絶対に株を買います。毎月の給料の半分は買うでしょう。しかし私は20代の時に、このことに気づきませんでした。今から思えば残念です。実はこれは、若い時代ならば、**一番手っ取り早く投資で成功する方法**なのです。

好きな会社、よく知っている会社だからこそ、投資できるわけです。

投資対象を広げるなら、好きな会社の周辺まで調べる

さらに投資技術を磨いて、レベルアップしたいと思う人は、好きな会社だけでは守備範囲が狭いため、

好きな会社、よく知っている会社の周辺を調べてみましょう。

ファッションや化粧品に興味がある女性ならば、

「私は、資生堂の商品が大好きです」

という人がいます。ならば資生堂の株主になる。この発想が大切です。

さらにその他の化粧品会社は、どうなのか調べてみる。そして化粧品から出発して生活用品全般まで、範囲を広げて調べていく。「自分が大好きな資生堂」を円の中心にして、同心円状に守備範囲をどんどんと広げていきます。すると株式投資の対象がどんどん増えていきます。これが、銘柄選択の方法として、一番手堅い手法です。

初級者は、例えそれが大企業であっても、まったく知らない会社の株をすすめられて購入すると、大概の場合は損をします。儲けることができません。

上級者となれば、知らない会社であっても、投資できるだけの知識があるため、簡単には損はしません。『会社四季報』を見たり、個別の損益計算書を調べたりするからです。

初級者がこうしたことをやろうとしても、内容がよく理解できませんから、知らない会社の株には手を出さないことが一番です。知らないのに手を出して儲かるほど、株式投資は甘くはないのです。

投資は「タイミング」が重要

もう1つ、初級者が株式投資を始める際の、非常に重要なポイントがあります。

それは、なんと言ってもタイミングです。投資はタイミングがとても重要なのです。

どの会社の株に投資するか、これが第1のポイントですが、第2のポイントはいつ投資するか。このタイミングが非常に大切です。

「6月でボーナスをもらったから」

「親の遺産が入ったから」

「退職金をもらったので」

たまたま手元に余裕ができたため、すぐに投資するというのはいけません。私は自分のセミナーや講演で相談を受けた場合、

「ボーナスをもらったからという理由で、投資してはいけない」

とアドバイスしています。これは、株に限った話ではありません。投資全般すべからく、必ず投資するタイミングというものがあります。株価が今値上がりしている時なのか、値下がりしている時なのか？

つまり、

投資には3つのタイミングがある

買う タイミング

売る タイミング

休む タイミング

買うタイミングかどうか

これをぜひ忘れないでください。

2章以降で解説していきますが、一般の投資家は、まったくこの点に意識がないので、大変リスキーです。

投資には「休むタイミング」もある

買うタイミングがあるということは、当然、**売るタイミング**もあります。そして、**休むタイミング**もある。

投資は、

買う、売る、休む

の3つの原則があります。それぞれにタイミングがある。

休むタイミングとは、

「今は休む時だ。売買したりして動く時ではない」

という時。「売り、買い、休む」というのが、**投資の三原則**。ですから「休む時」も体得しなければならないのです。しかし**初級者ほど休む時を知りません**。休むタイミングを逃すのです。上級者はこのことを知っているのです。

ある相場名人の本を読んでいた時、ある名言に出会いました。

「相場の極意とは、一言で言えば待つことだ」

これを読んだ時、とても感動した思い出があります。待つことは大切です。株を買う絶好のタイミングが来る時まで待て、ということです。

そしてその**絶好の買うタイミングが来たら、絶対に儲かる**。その絶対に儲かるタイミングはいつか。そこが勝敗の分かれ目となるのです。

何に投資するか。そしていつ買うか、ほかの余計なことは一切考えなくていいのです。

親しい証券会社の営業マンが、どんなにおいしい話を持ってきたとしても、何に投資するかは自分自身で決めなければなりません。そして、決めた銘柄をいつ買うか。

特に初級者の人は、この「いつ買うか」が大切です。

当然、株価は日々、動いています。では、買ってはいけない時は、いつか。買っていい時は、いつか。

それはこれから本書でチャートを使ってしっかり説明いたします。

「いつ買えばいいかなんて、わからない」

と思っている方は、チャートの見方がわからないだけ。チャートの見方については、しっかり本書で学んでください。いつ買えばいいか、いつ売ればいいかを知るために、実際のチャートでレッスンを重ねるしか上達の道はありません。

チャートというと、初めての方には難しく感じるかもしれません。しかし実は、まったく難しくはないのです。チャートとは、株価のこれまでの動きを知る、いわば履歴書です。その株の履歴書＝チャートの見方・考え方を、これからお話しします。

買っていい時と、いけない時を知る

本書で解説するチャートの見方は、極めて基礎の基礎というレベルです。

しかし、いつ買えばいいのか、ということはしっかりとわかるようになっています。基本は簡単明瞭です。初級者でも、上級者でも、誰でもわかるようになっています。

どんな時に買って、どんな時に売ればいいのか。それは、

「買ってはいけない時とは、市場が熱狂している時」

ということを覚えておけばいいのです。

反対に、買っていい時とは、

「みんなが株式投資に青ざめている時」

です。

みんなが熱狂的に株式投資に熱くなっている、夢中になっている時ならば、これは**売り**。しかしみんなが青ざめている時は、**買い**です。これが基本。投資家心理の典型だと体得してください。

では、熱狂的な時、青ざめている時とは、どういう時か。どうすれば、そういう「時」であることを知ることができるのか。それにはまず、**毎日、新聞やテレビを見ること**。見ていると、自然とわかることがあります。

みんなが青ざめている時とは、「株はもっと下がる」という情報がマスコミに頻出して、さらに**「下がる理由の説明ばかり」がメディアに流れている時**です。

これは、**絶好の買いチャンス**です。

「ユーロが危ない」

「中国が崩壊する」

その会社の株を「いつ」買えばいいのか(タイミング)

株式投資の実践Ⅱ

● 買ってはいけない時(タイミング)とは…

市場が熱狂している時

● 買っていい時(タイミング)とは…

市場が青ざめている時

▼

チャートでタイミングを知る

▼

チャートを勉強すればタイミングがわかる

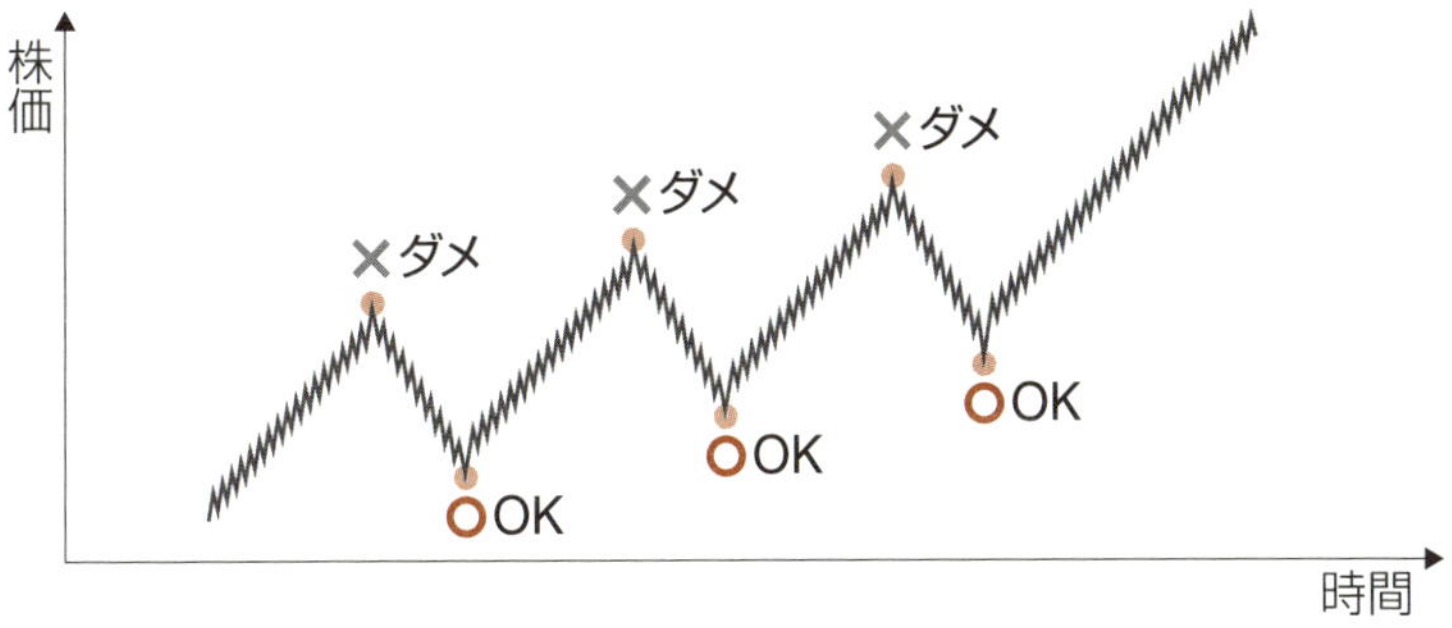

など、青ざめる情報や見解がたくさん出て、株価が大きく値下がりしている時など、まさに**買いのタイミング**が近づいていると思ってください。

ただし、「言うは易《やす》く、行なうは難《かた》し」で、実践ではなかなかうまく行きません。なぜかというと、人間には理性を超える〝感情〟があるからです。

メディアが流す情報の逆をいく

反対に、メディアにいい情報ばかり流れている時は、**売り**です。

「まだまだ株が上がる」

という押せ押せの情報が毎日マスコミに流れているような時は、まさに**売りのタイミングが近づいている時**です。暴落する前に持っているものは売らなければいけません。

これは、投資の基本、イロハとも言えることです。

以上をまとめると、株式投資の初級者は、株を買う時は、**できるだけ株式市場の周辺に、悲観的な情報が出ている時を狙う**のがいい。

みんなが青ざめているところで、買う度胸《どきょう》がいるのです。

ですから、周囲の人々が「株で儲かった」と騒いでいる時に、一緒になって買うような真似はしないでください。初級者がそういう時に買えば、まず間違いなく**最後の天井づかみ**（株価は天井で、これから下がり出す時に手を出す）ということになります。

具体的に数字を出して、チャートを見てみましょう。

あなたが今、Xという会社の株を買おうとします。まず、このXの株価の最近の高値を見てみます。そして、最近の安値もチェックしてみてください。直近の安値が500円、高値が1000円で、今がちょうどその真ん中の750円だったとします。

Xの一株が750円の今は、買うべき時でしょうか。

これは、もう少し待つタイミング、というのが正解です。最近の高値は1000円、安値が500円。だからもう少し500円に近づいてから買うのが、得策です。

株は絶対に逃げません。慌てて買う必要はありません。

限りなく最近の安値に近いところで、買う。

前の安値に近づいてきて、ダブルボトム※（114ページ）に近い形になってきたら、買う。

※ **ダブルボトム**：株価のチャートで、2つ（ダブル）の底（ボトム）を形成した後、上昇して天井へ向かうトレンドの形。

繰り返しますが、初級者の買うタイミングは、できるだけ市場が青ざめている時です。あるいは、株価に対してマスコミが不評、不安を毎日のように発表している時です。最近でいえば、中国バブル崩壊、チャイナショックで株価が大きく下げた時などはチャンス到来だったのです。

価格でいえば、**割安な時こそ買うタイミング**です。割安とは、この場合、最近の安値の５００円に限りなく近づいている時のことを指します。

株価の動きを調べる時は、過去1年遡《さかのぼ》るといい

ここで、「最近の高値」「最近の安値」という言葉を使いましたが、「最近」というのは、どのくらいの過去までさかのぼればいいか。だいたいの目安としては、過去1年ぐらいを見るようにしてください。

ざっくり言えば、1年。

上級者になると、波動の理論で、さらに複雑になりますが、初級者なら、だいたい1年前までを見れば十分です。直近に、日経平均株価が安値をつけた日に、多くの株も安値をつけているはずです。ご自分でチェックしてみてください。

過去1年間のチャートを見れば、高値と安値がいくつか出ていますから、前の高値の日付を見てみま

す。3カ月前の時もあれば、6カ月前の時もある。ただ、ほとんどの株は日経平均株価と連動していま す。だから、日経平均株価を参考にしながら、個別銘柄の株価を見ていると、高値、安値が見つけやすくなります。

こうして過去の株価の動きを見ながら、**初級者ならば、できるだけ安いところを買う。**

これが、初心者の投資の実践面では、大きなポイントであり、

◉何を買うか

◉いつ買うか

の次に、

◉割安な時に買う

ことが手堅い方法となります。**株は安値圏で買うのが、初級者の場合の基本**です。

間違っても割高、あるいは高値圏にある株を買わないこと。下がる確率が高いからです。ごくまれに高値圏を突破し、さらに上がっていく株ももちろんあります。しかしそれは上級者の買い方です。

余裕があれば「業績見通し」もチェック

通常、1年間も上がり続ける株は、めったにはありません。株価はいつかは下げるのです。その意味でも、割安で買うのは、手堅い投資方法です。ただ、割安を買う場合は、業績見通しをチェックしておくと、より安心です。

各企業が業績予想を出していますので、初心者は、**少なくとも増収、増益の予想を出している会社を買うべき**です。

上級者の場合は、あえて、減収減益予想の株を買うというやり方もあります。

なぜか?

業績予想が悪い会社の株は、すでに値下がりしていて、織り込み済みとなっていると判断する場合もあるからです。もし、この赤字会社が将来黒字になるようなことがあれば株価は大化けするという読み方もあるのです。

しかし、初心者には、おすすめできません。リスクが大きいからです。やはりオーソドックスに、増益予想の会社を買うべきです。

減収、減益予想の会社の株は不可です。本当に減収、減益になると、株価もさらに下がるためです。

増収、増益予想で、なおかつ今現在の株価が割安であるならば、チャンス。初心者にとってはこれはもうビッグチャンスです。

業績見通しなどをチェックする時は、企業のホームページを見る方法もありますが、いつでも調べられるように、『会社四季報』と『日経会社情報』の2冊は買って、常に手元に置いておくほうが便利でしょう。ただ業績予想というものは、外れる場合も十分ありますから、そういう点では運に左右される面もあります。投資には、やはり**運も必要**なのです。

第２章

チャートで株価の「先」を読む

株価の波動の基本形を知れば、
初級者でも今日から活用できる

極意 1

チャートを見て株価の動きを理解する

酒田五法の基本を学べば、その応用でどんなチャートも理解できる

チャートの基本形は3つ

この章からは、いよいよ具体的に、株式投資に不可欠なチャートの見方について解説します。

チャートとはケイ線とも言い、株価の動きをあらわしている図です。

日々の株価は、皆このチャートによって表現されています。

株価チャート分析の元祖、本間《ほんま》宗久《そうきゅう》の考案した「酒田《さかた》五法《ごほう》」という理論は、チャート（株価の変動）の形を20から30の種類に分けています。しかし初級者はこのすべてを覚える必要はありません。基本形を3つ、4つ覚えれば、あとはその応用形がほとんどです。ですので基本形をしっかり覚えておくように心がけてください。

チャートの基本形は、

①ラインの放《はな》れ型（59ページ）

チャートの見方 part Ⅰ

チャートにあらわれる3つの「型」（波動）

この3つを知っていれば、上がる株、下がる株が見つけられる

1 ラインの放《はな》れ型《がた》

2 三角《さんかく》保《も》ち合《あ》いの放れ型

3 トレンドライン型

②三角《さんかく》保《も》ち合いの放れ型（60ページ）
③トレンドライン型（62ページ）
の3つがあります。

③のトレンドライン型は、アメリカの相場ではペンダント型とも言いますが、ここではトレンドライン型という呼び名で統一します。

まずこの3つをしっかりと覚えておけば、チャートを見て株価の動きを調べることができます。難しくはありません。詳しくは59ページ以降で解説します。

株価の動きは「上昇」「下降」「横ばい」の3種類しかない

そもそも株価の動きといっても、大別すれば、

❶ **上昇**
❷ **下降**
❸ **横ばい**

の3種類しかありません。上がっているか、下がっているか、横ばいか、この3つだけです。ですので、①、②、③を覚え実際にチャートを見ながら、自分でトレンドラインを引けるようになると、株価の刻一刻の波がわかるようになります。(68ページ参照)

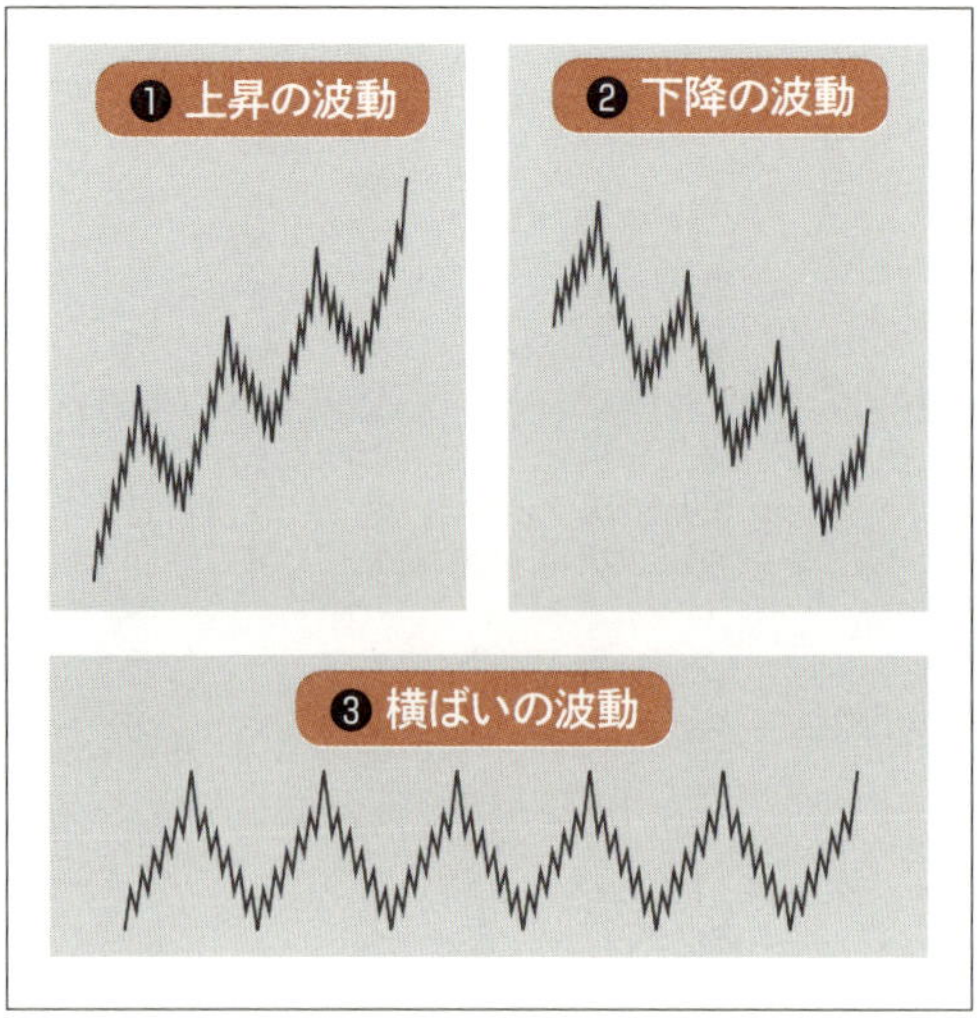

現在の株価は、①、②、③のどのタイプか、トレンドをつかむことができるのです。

チャートを見ることができれば、株式投資に必要な頭脳はワンランク、ツーランクもアップします。

上がる株と下がる株の見つけ方がわかるからです。

次に「天井型」「底入れ型」の2つの基本形を理解する

続けてチャートの基本形について解説します。まずは気にせずに読んでいってください。後半に詳しい解説がありますので安心してください。

◉天井型

◉底入れ型

という2つのチャートの基本形について解説します。

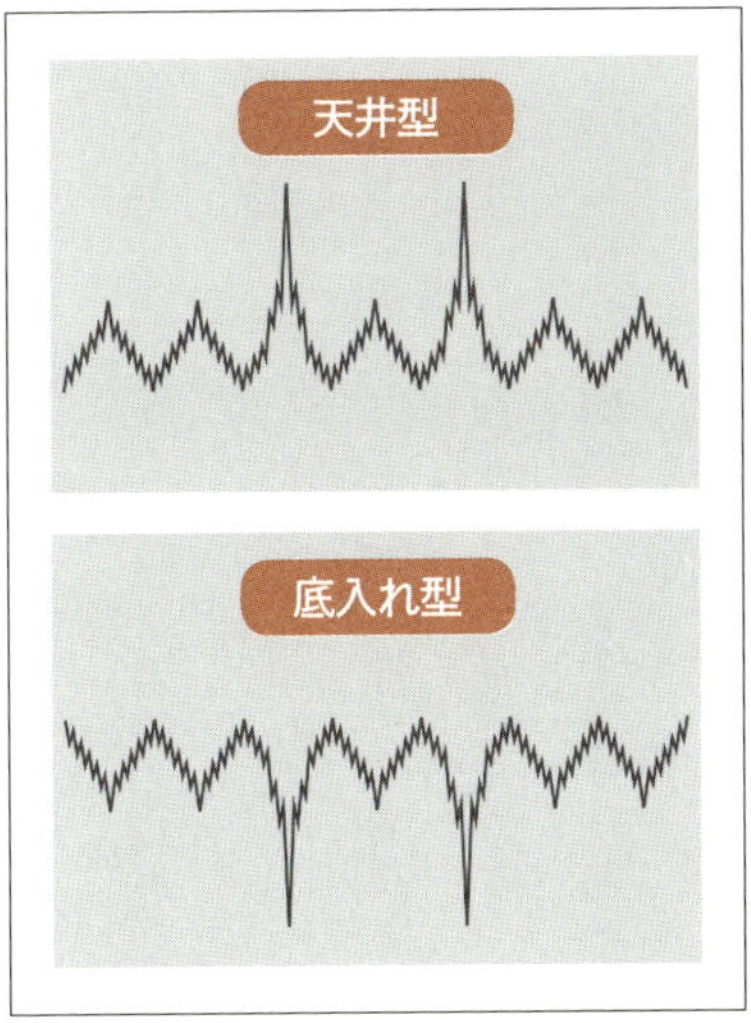

天井型とは、株価がすでに天井を打ち（最高値であり）、もうこれ以上上がる可能性は少なく、下がり始める可能性が非常に高いトレンド型を言います。

反対に**底入れ型**とは、すでに底を打って（最安値になり）、これ以上下がる可能性よりも、反発して上がる可能性が非常に高いトレンド型を言います。

天井型と底入れ型。それぞれに特徴的な形があり、株価の顕著な動きをあらわしますが、**チャートは、株価ともう一つの重要な要素、「時間」との関係も、無視できません。**

チャートは「株価」(タテ軸)と「時間」(ヨコ軸)で表現

時間軸は「短期」「中期」「長期」の３種類

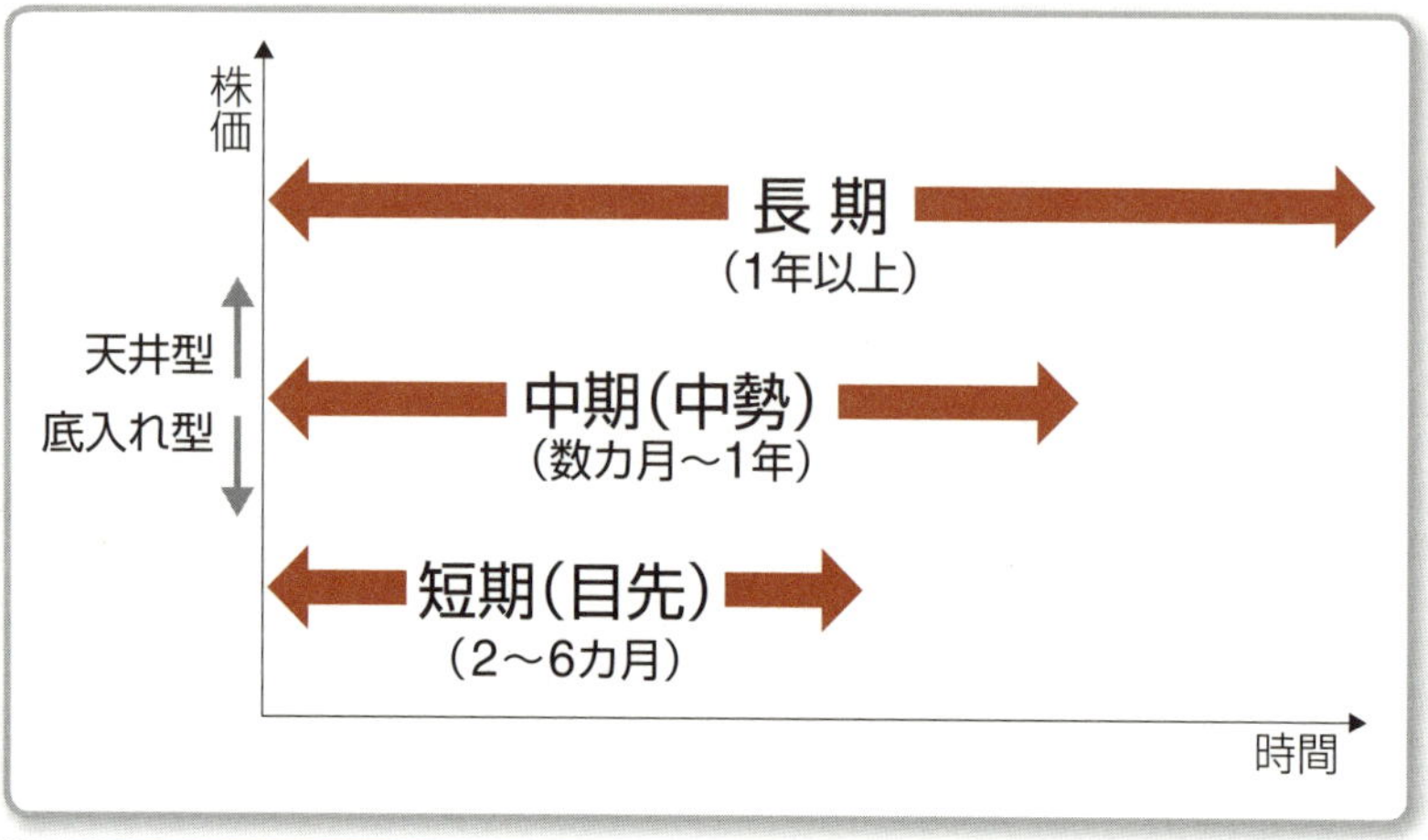

チャートを見ると、縦罫《たてけい》が株価、横罫《よこけい》が時間をあらわしています（上図）。

天井型、底入れ型のチャートを見る場合は、横罫の時間軸は、**短期（目先《めさき》）、中期（中勢《ちゅうせい》）、長期**の三つの時間軸で見るようになります。

短期とは、「目先のこと」であり、文字通り短期トレンド（2～6カ月程度）を見ます。

中期は短期でも長期でもない期間のトレンド（数カ月～1年）を見ます。

そして「長期」は、文字通り長期トレンド（1年以上）を見ます。

ラインの放れ型

ラインの放れは大相場

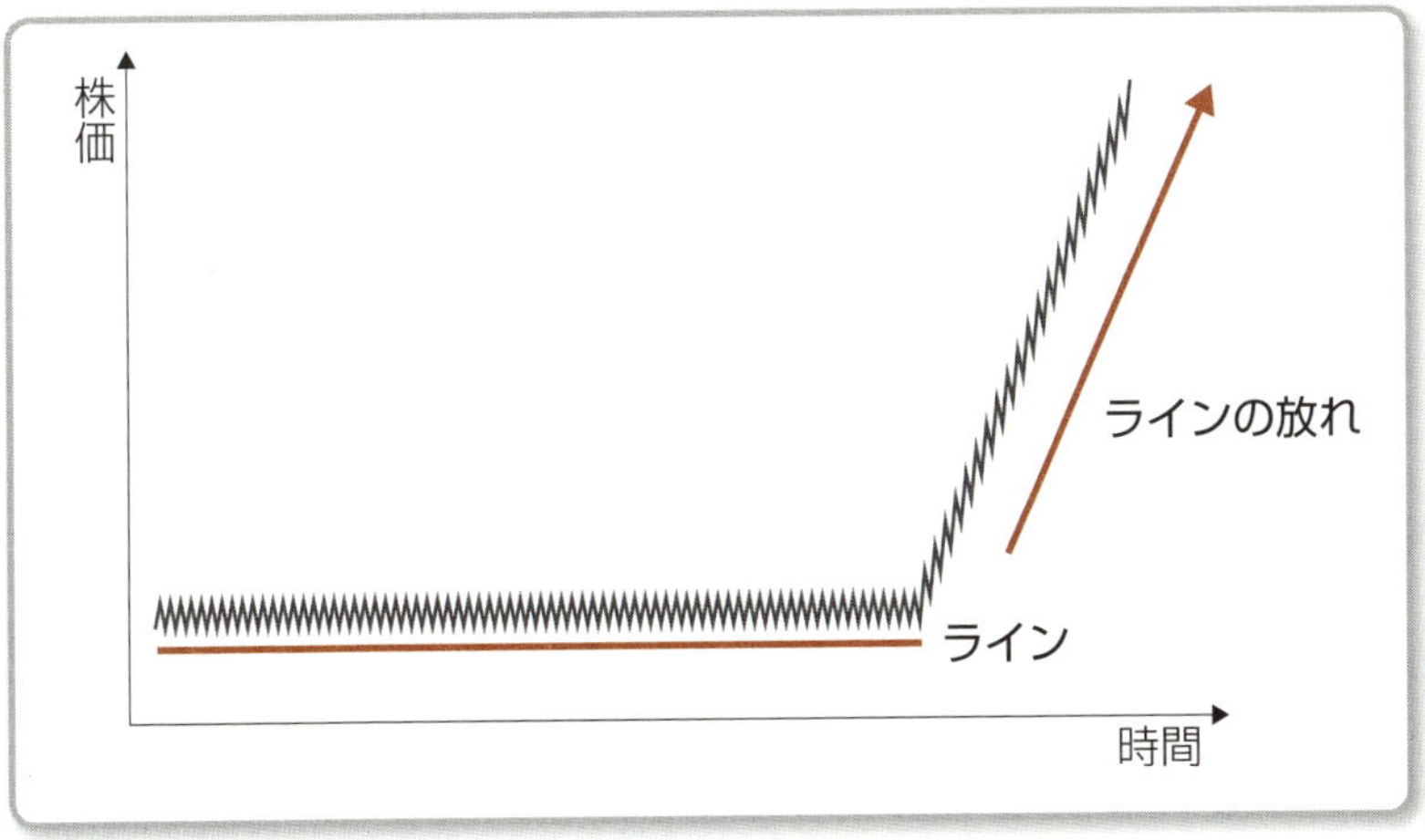

「ラインの放れ型」とは

では、株価波動の基本形の3つを、具体的にくわしく説明していきましょう。

第1は、**ラインの放れ型**。

相場では、「**ラインの放れは大相場**」という格言があります。

つまりラインの放れは、その後大きく株が値上がりする可能性があるという意味です。ある銘柄がずっと横ばい※状態で、横にほぼ一直線で動いていたのが、一気に上がる。これがラインの放れ（上図）。

たとえば、下は800円台、上は1000円台で3年ほどもみ合って横ばいだった株価が、ある日突然急騰する

※ **横ばい**：株価が上下しないで、一定の価格帯で推移すること

ケース。これがラインの放れです。ラインとは、横線の意味です。
ラインの放れは、一発で終わる場合もありますが、大相場になる可能性が非常に高い。こういう銘柄を見つけると、初級者でも儲かる場合があります。（著者注　ラインとは株価が横線で動いている意味）

「三角保ち合いの放れ型」とは

第2は、**三角保ち合いの放れ型**。

株価の高値の部分を次々とつなげるようにラインを引き、安値のところも同じようにつなげて線を引くと、高値ラインと安値ラインが次第に接近して、一点に絞られていくような三角形を形成します。

これが三角保ち合い型であり、一点に絞られたのち、三角形の頂点から一気に上に上がるか、下がるかを、三角保ち合い放れ型と呼びます。

上に上がり、高値となって放れるのを、**三角保ち合い・上放《うわっぱな》れ型**（左図 a）

下に下がって安値になって放れるのを、**三角保ち合い・下放《したっぱな》れ型**（左図 b）と呼びます。

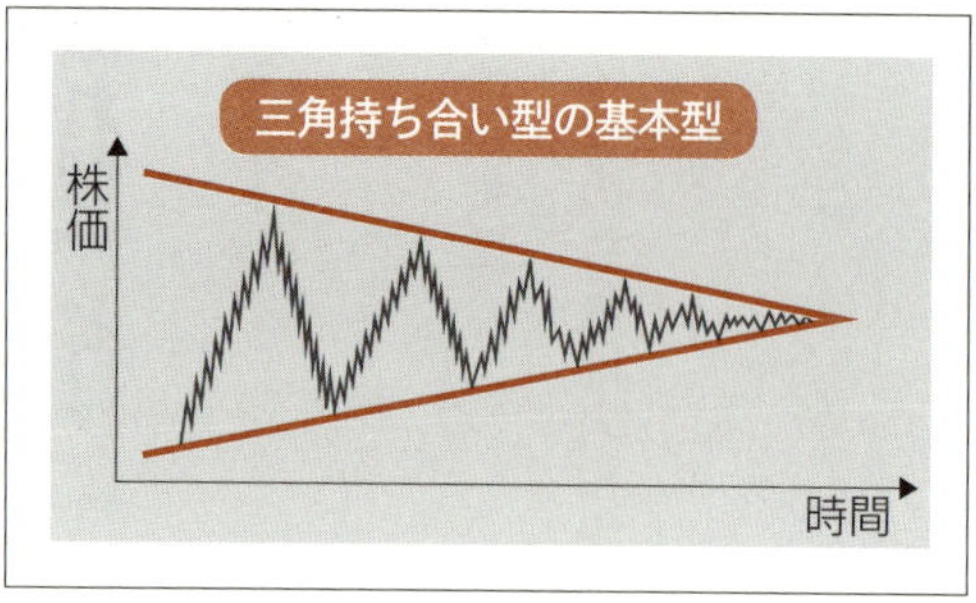

三角保ち合いの放れ型

a 三角保ち合いの放れ型「上放《うわっぱな》れ型」

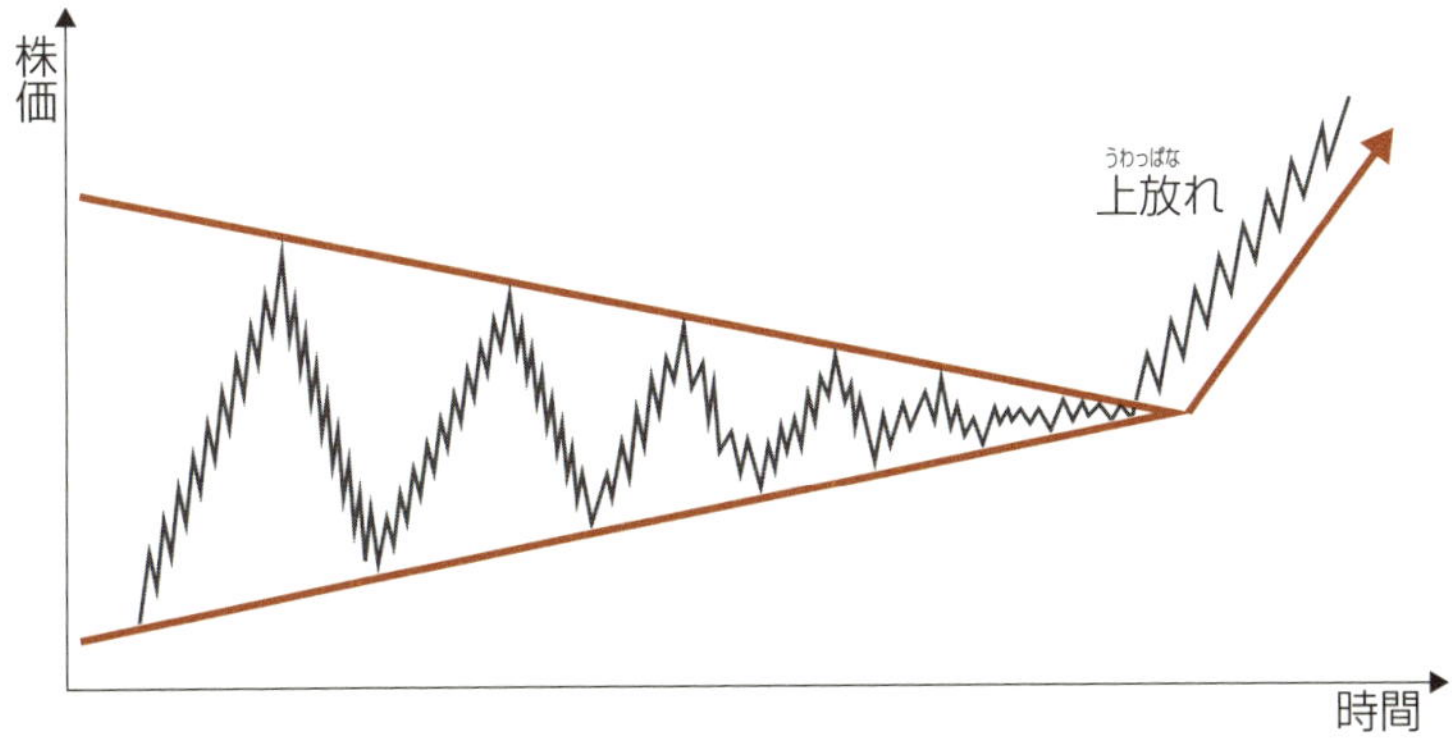

b 三角保ち合いの放れ型「下放《したっぱな》れ型」

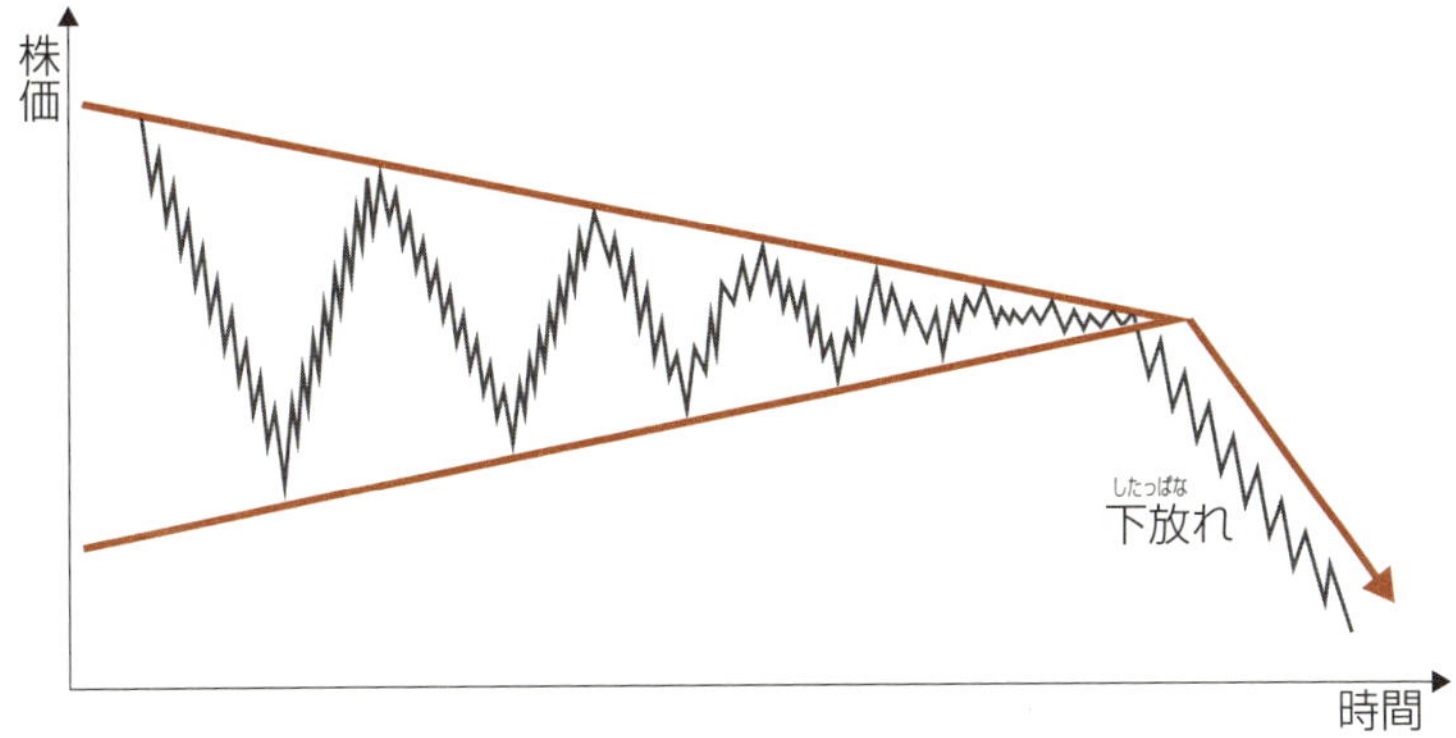

トレンドライン型（「上値抵抗線」「下値支持線」）とは

また、株価の高値のところをつなげてラインを引き、安値のところをつなげてラインを引くと、まるで二等辺三角形の形で株価が動くように見え、それがだんだん上と下のラインが近づいて、三角保ち合い型になる場合（左図のc）もあります。

株価があたかも三角形の頂点に近づくように見えますが、必ずしも三角形の頂点を形成するとは限りません。途中で上に上がったり、下に下がったりします。ただ、三角形の頂点に近づくと、必ず上か下どちらかに寄る。

この高値をつなげたライン、安値をつなげたラインのことを、それぞれ**トレンドライン**と呼びます。

左の下の図dを見てください。

高値をつないで引いたトレンドラインは、**上値抵抗線**と呼びます。

安値をつなげて引いたトレンドラインは、**下値抵抗線**（**下値支持線**）と呼びます。

三角保ち合いとトレンドライン

c 典型的な三角保ち合いのトレンドライン

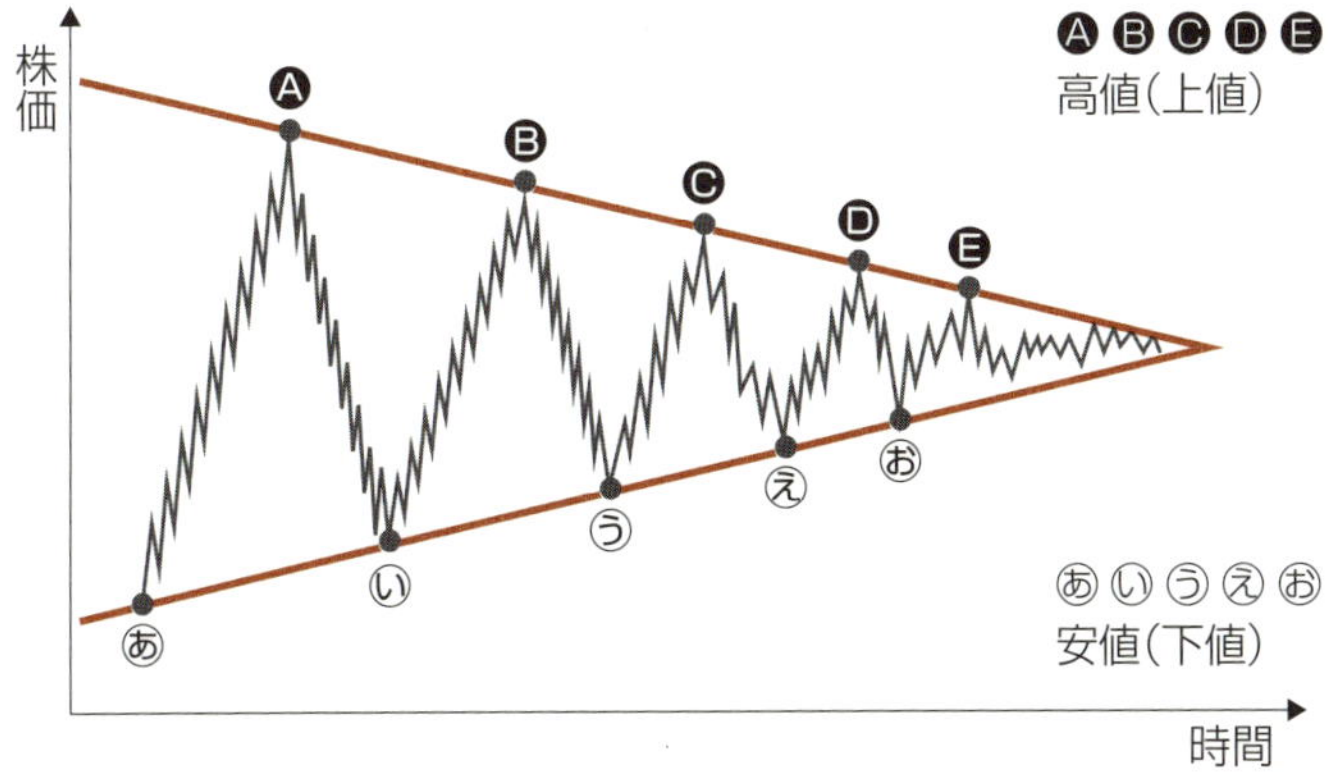

d 三角保ち合いをつくる2つのトレンドライン

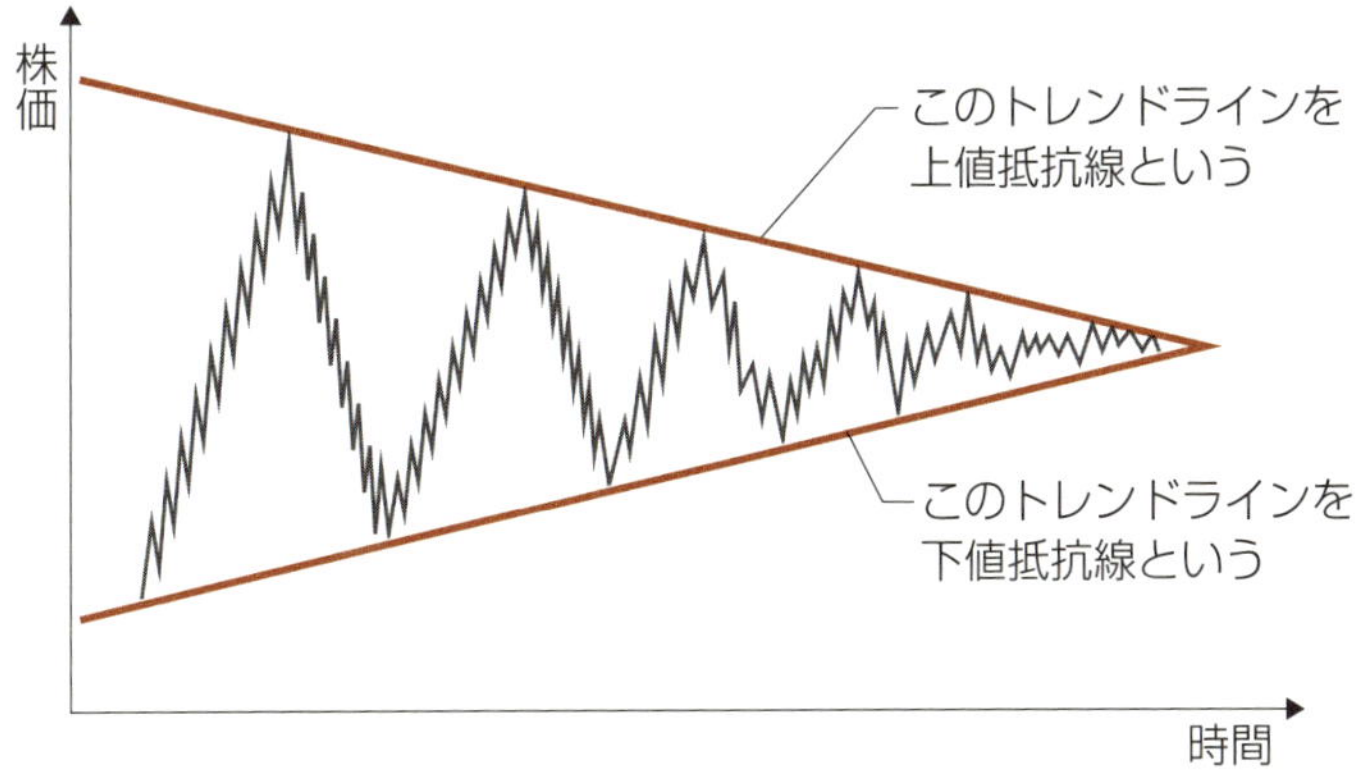

「三角保ち合い」は売り買いが拮抗《きっこう》している証拠

三角保ち合いの放れ型をよく見てみましょう。

過去の高値を結ぶラインは、上値抵抗線、そして過去の安値を結ぶラインは、下値支持線。この2本のラインがだんだん三角形の頂点へ向かうように収束していく。この動きは、相場としては強弱感のある動きです。つまり買い方と売り方が拮抗していると、こういう形になるのです。これが三角保ち合い型になる理由です。

相場では、

「三角保ち合いの放れにつけ」

という格言があり、三角形の頂点の上に出れば上放れ、下に出れば下放れで、上に出た場合は株価が上がる暗示です。だから「放れにつけて」上がれば**買い**です。

上に出た場合は、前の高値をとりにくる（前の高値に近付く）可能性が大きい。そういう傾向があり、これもチャートの特徴です。

逆に下放れの場合はこれから下がります。下がり始めるシグナルです。投資家は、三角保ち合いで下に出てくると、**空売り**※したくなります。ドーンと下がる場合があるためです。

※ **空売り**：下がると予想した株を買わずに借りて売り、実際に値下がりしたところで買い戻す。たとえばAという銘柄の株価が1000円の時、証券会社などからAの株を借りて、その後に売って1000円を得る。700円に下がったところで買い戻し、借りた先に株を返すと1000 − 700 = 300円の利益になる（手数料などは別途）。

実際にいろいろな株価のチャートを見ていると、三角保ち合いになっている銘柄がとても多いことに気づくはずです。

ポピュラーなチャートの形であり、覚えておくと役立ちます。

三角保ち合いの銘柄を意識し、見つけたならば、三角保ち合いの上に放れる銘柄を買い、下に放れる銘柄を空売りしても、相当勝率の高い投資になるはずです。

なお、三角保ち合い型には、大別して3つのパターンがあります（66ページ）。

極意 2

三角保ち合い放れ型の3つのタイプ

株価の勢いが「強い」か「中立」か「弱い」かがわかる

「中立」は上がるか下がるか、どちらとも言えない相場

三角形を形成する2つのラインのうち、上のライン（上値抵抗線）がほぼ平行で、下のライン（下値支持線）がどんどん上がり、頂点に近づくタイプは、強い相場（左図 e－1）です。頂点近辺で、上に放れる可能性が高いです。つまり、**三角保ち合い・上放れ型になる可能性があります**（61ページ a）。

上のライン（上値抵抗線）と、下のライン（下値支持線）が反比例するような形で、二等辺三角形のように絞れてくる形は、中立（左図 e－2）。**上がるか下がるか、どちらとも言えない、難しい局面を迎えそうな相場**となります。

最後に、下のライン（下値支持線）がほぼ横ばいで平行に動き、上のライン（上値抵抗線）がどんどんと下がってくるような場合は（左図 e－3）、上値が下がっているので、相場は弱いと言えます。頂点近くでは、**三角保ち合いの下放れ型になる可能性が大きい**と言えます（61ページ b）。

三角保ち合いの放れ型❸

e 三角保ち合いの放れ型は大きく分けると3つのタイプ

e-1 強いタイプ

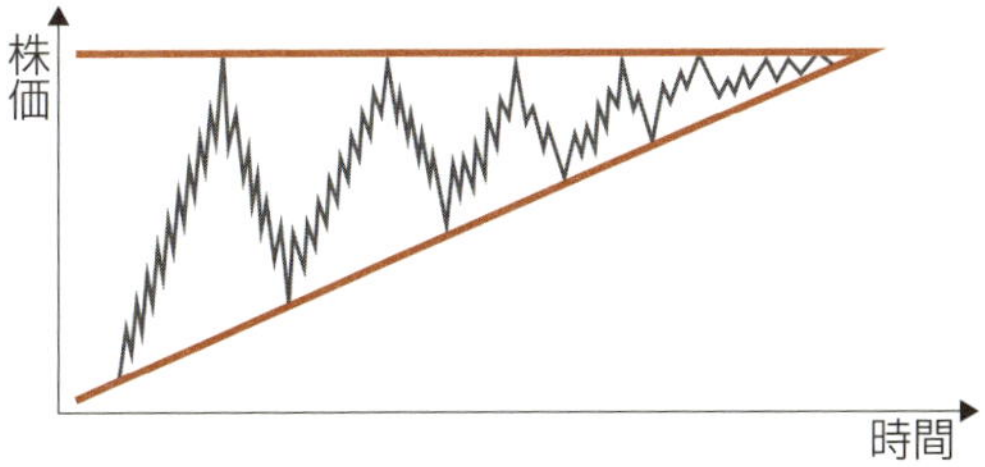

上値がほぼ横ばい
下値がどんどん上がっていくタイプ

e-2 中立のタイプ

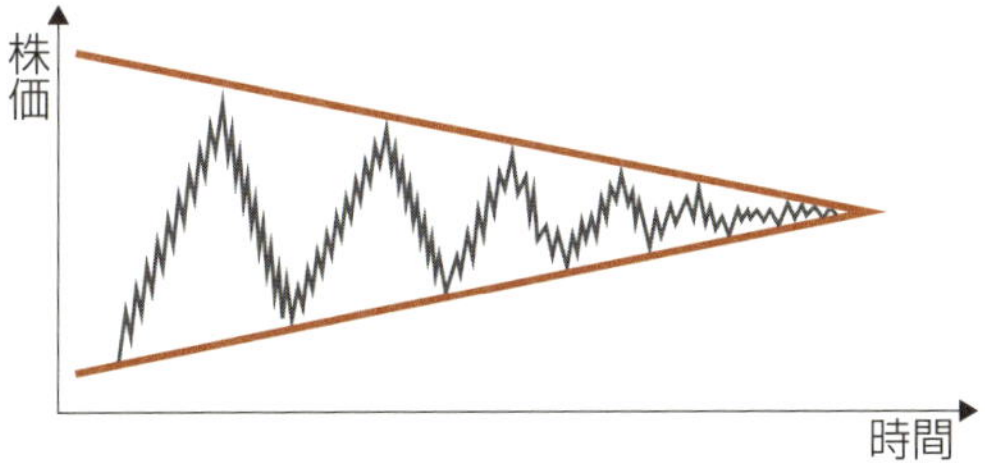

上値が徐々に下がり
下値は徐々に上がり
収れんしてゆくタイプ

e-3 弱いタイプ

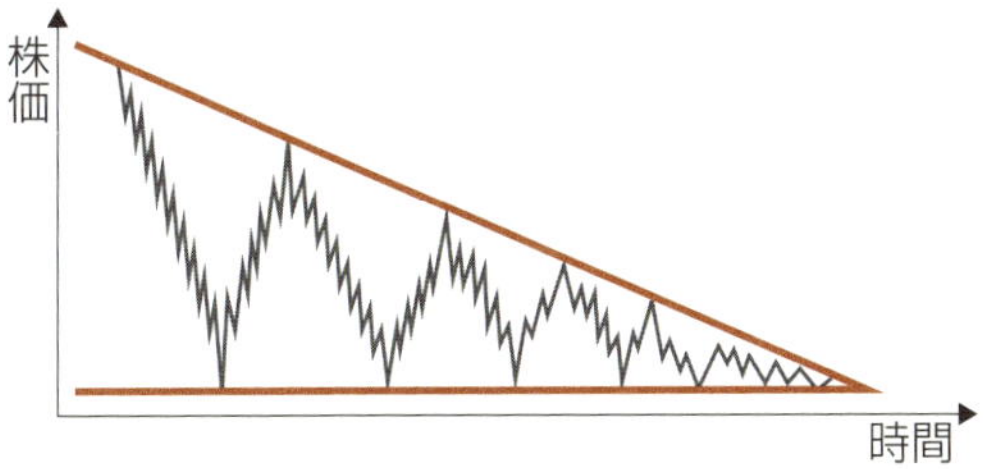

下値はほぼ横ばい
上値は徐々に下がってくるタイプ

初心者としては、下のライン（下値支持線）がどんどん上がってくるタイプの三角保ち合い型（67ページe－1、三角保ち合いの上放れ型になりそうな型）を見つけたら、要注目です。さらに上がる可能性が高いです。

三角保ち合いが上に放れた時から買っても、遅くはありません。勝負はできます。

「トレンドライン型」とは

最後に、**③のトレンドライン型**を説明しましょう。

これまで説明した①のラインの放れ型、②の三角保ち合いの放れ型、どちらにしても、もっとも大切なことは**チャートに自分でトレンドラインを引けるようになること**です。

実践として、まずは**トレンドラインの引き方を覚えてください。**

引けるようになったら、トレンドラインの意味を理解し、トレンドラインを引くことによって予測を立てる。この3つが非常に重要です。

トレンドラインの引き方は、極めて簡単です。次ページの2つの図を見てください。

実践編

トレンドライン(上値抵抗線)の引き方 ❶

トレンドラインには、上値抵抗線と下値支持線の２種類がある
上値抵抗線はレジスタントラインともいう

トレンドラインを引く

1 上値抵抗線の引き方

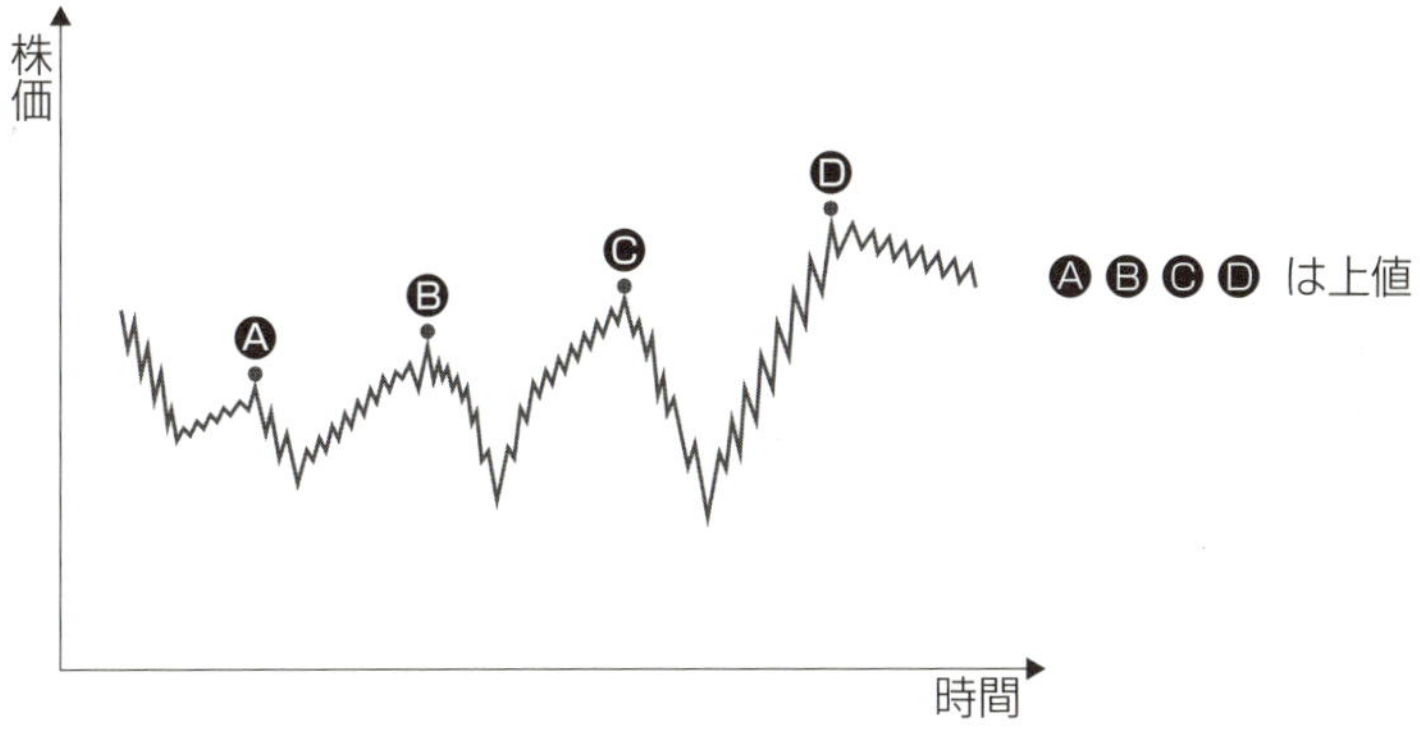

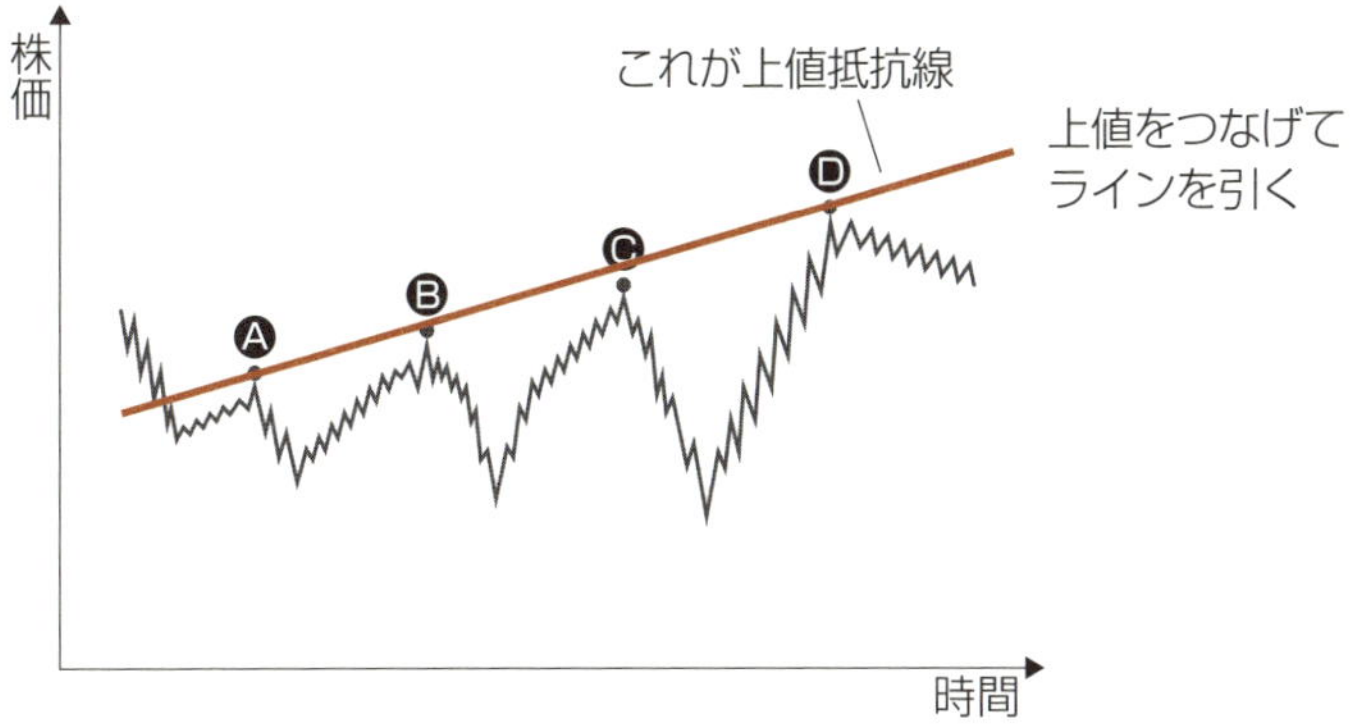

トレンドライン(下値支持線)の引き方 ❷

トレンドラインには、上値抵抗線と下値支持線の2種類がある
下値支持線はサポートラインともいう

トレンドラインを引く

2 下値支持線の引き方

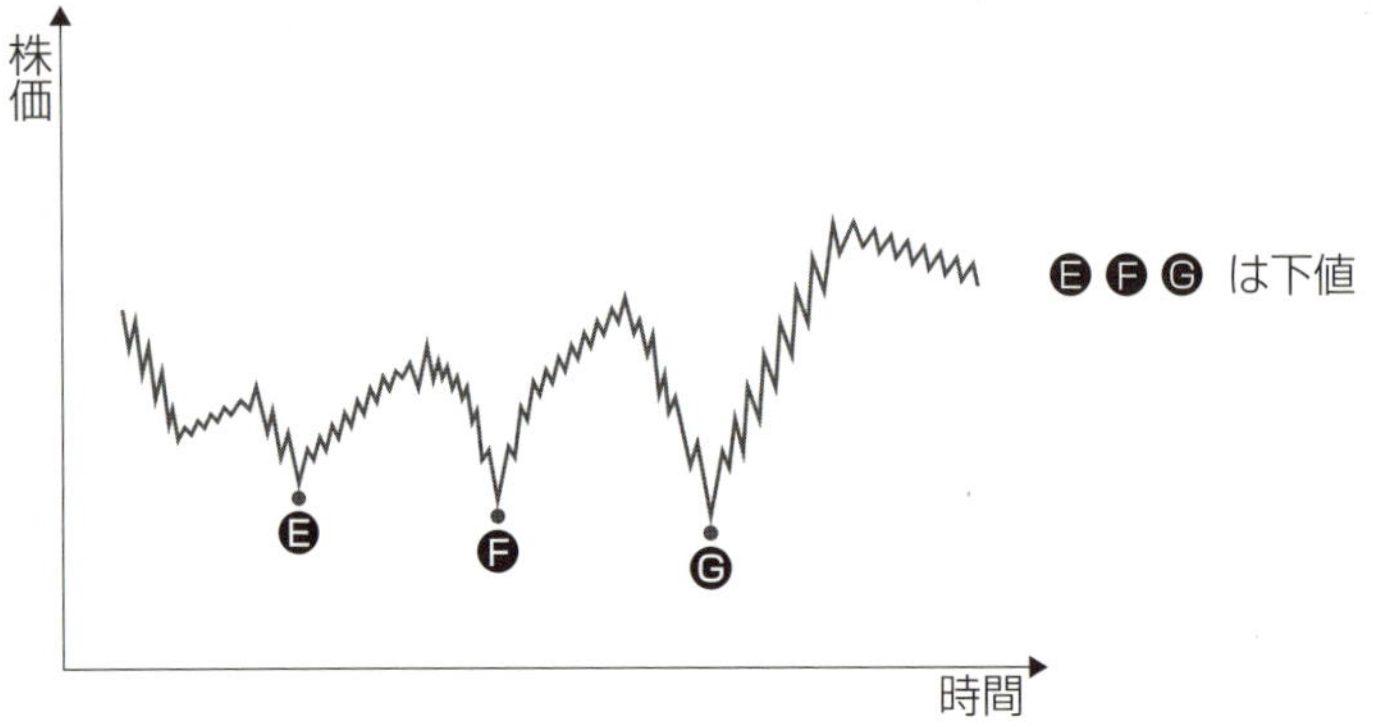

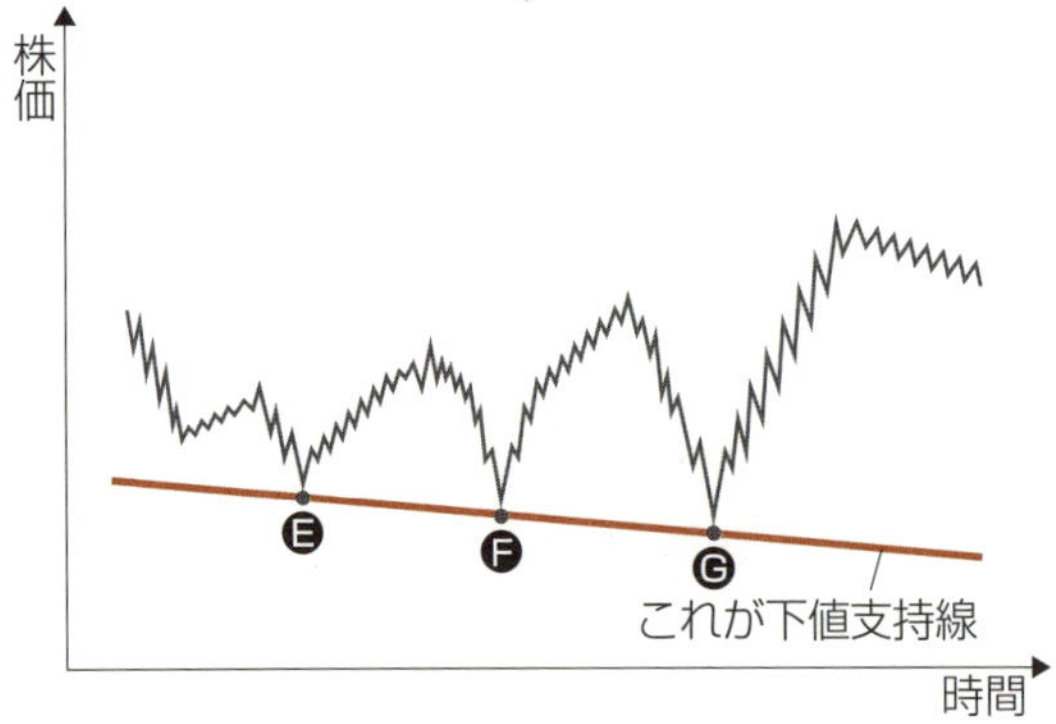

トレンドライン型

2つのタイプがある

a 三角保ち合いのトレンドライン

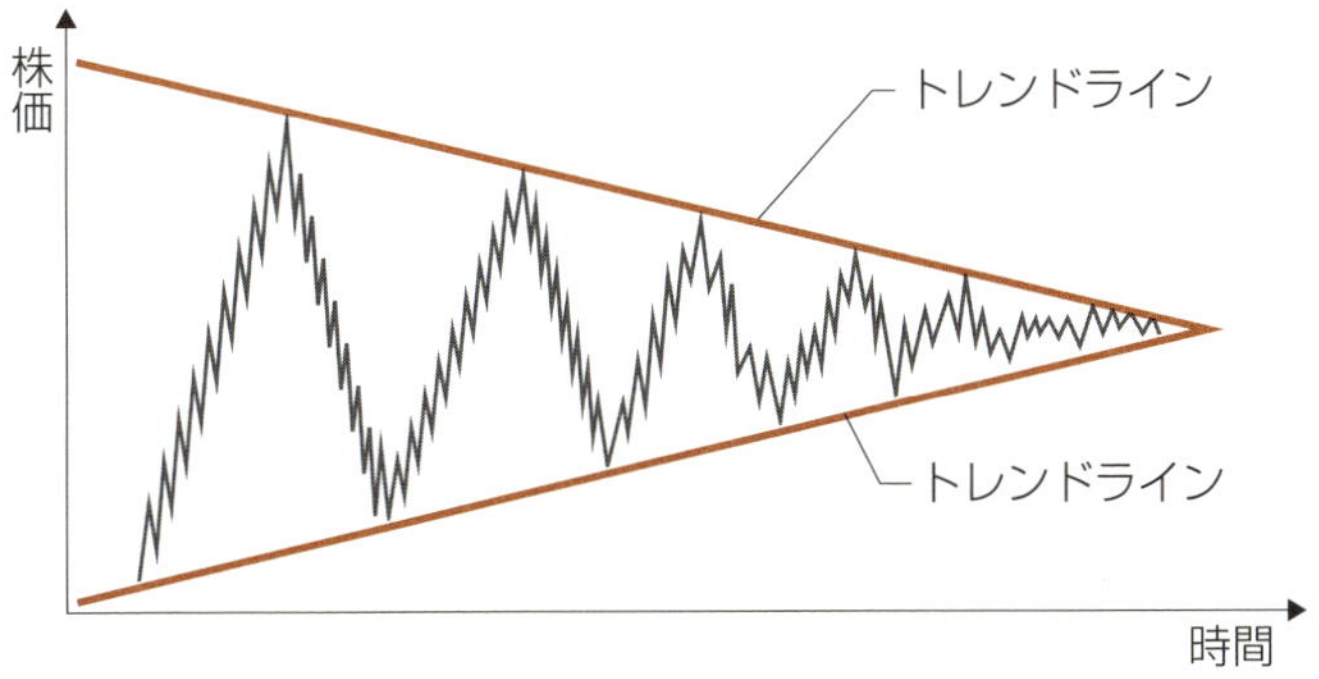

トレンドラインがつくる2つのタイプ

直近の高値同士、安値同士をつなげて引くと2本のトレンドラインができ上がります。この2本のトレンドラインが形成する典型的な型の1つは、これまで解説してきた三角保ち合い型（上図 a）。次に実際、多く見かけるのは、平行四辺《へいこうしへん》形《けい》型のトレンドラインです（72ページ）。

上のライン（上値抵抗線）と下のライン（下値支持線）が、どちらも同じようなテンポと値幅で上昇していく型です。上下の2本の線があたかも平行四辺形を形成するかのような形です。

b 平行四辺形型《へいこうしへんけい》のトレンドライン

b-1 上昇のトレンドライン

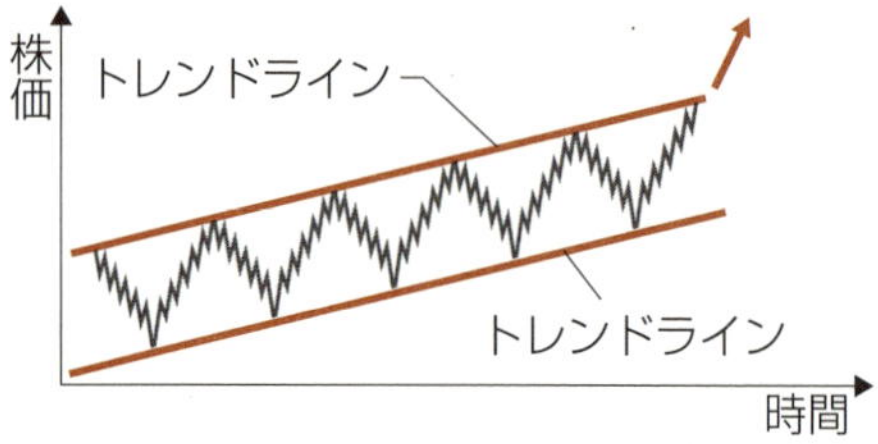

上のトレンドラインが突き抜けて上昇するタイプ（上昇第2波をつくるタイプ）

b-2 下降のトレンドライン

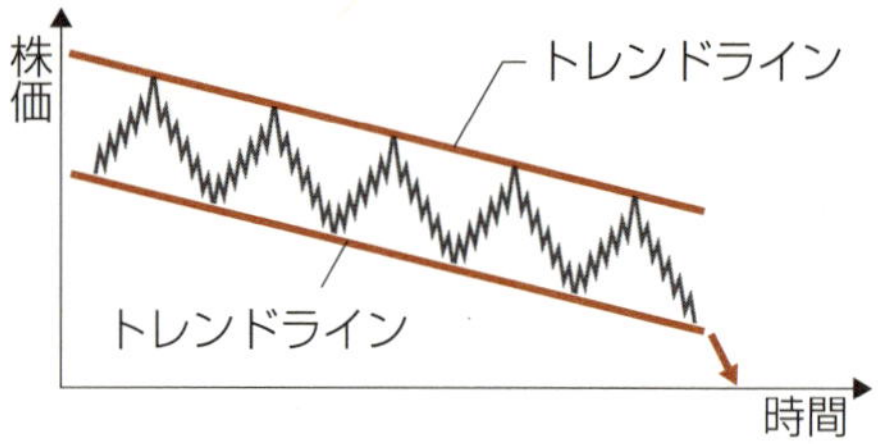

下のトレンドラインを抜けて下落するタイプ

b-3 横ばいのトレンドライン

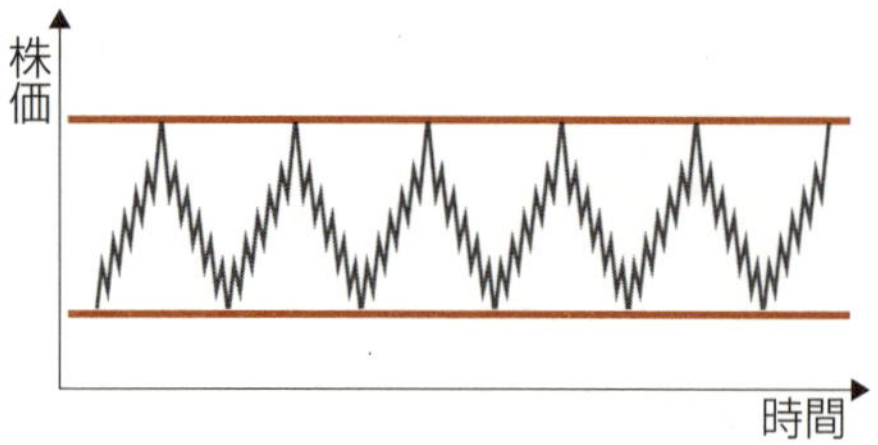

「ボックス相場」ともいう

上昇のトレンドライン

右肩上がりで上昇するライン

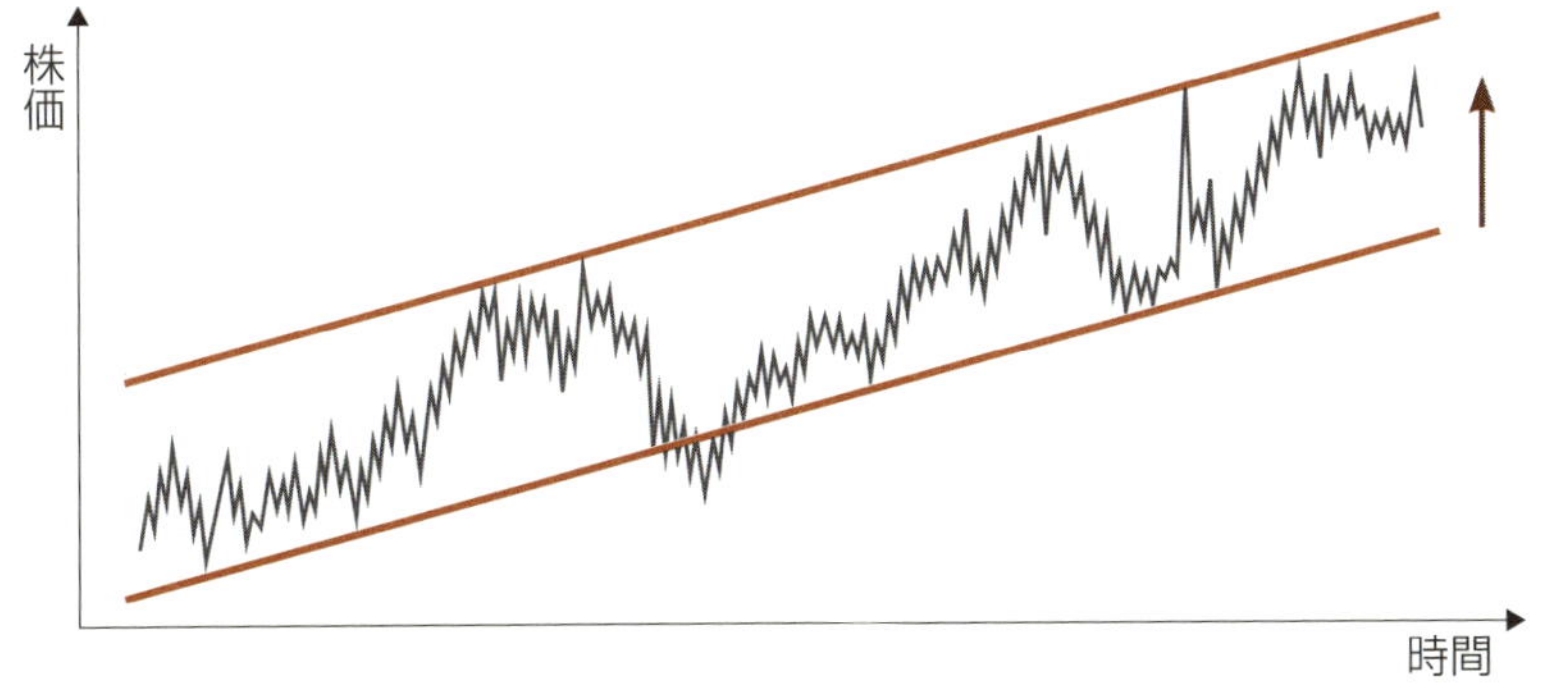

上昇のトレンドライン

上下のラインが平行四辺形の形で上がっていきながら、ある時、角度の傾斜を切りあげて上に出てくる。上昇ラインの第1波から第2波へ。そしてさらに角度を上げて第3波をつくることもあります。

この平行四辺形型は、**上昇のトレンドライン**です。

逆に、平行四辺形型で進みながら、下のトレンドラインから下に出てきたら、上昇は終わりかもしれません。損切り（株価が下がり、損をするが被害の少ないうちに売ること）を考えなければなりません。さらに下のラインをはっきり下回ったら、上昇ラインは終わり。しばらく休み、もしくはさらなる下落となるというのが定石です。

下降のトレンドライン

右肩下がりで下降するパターン

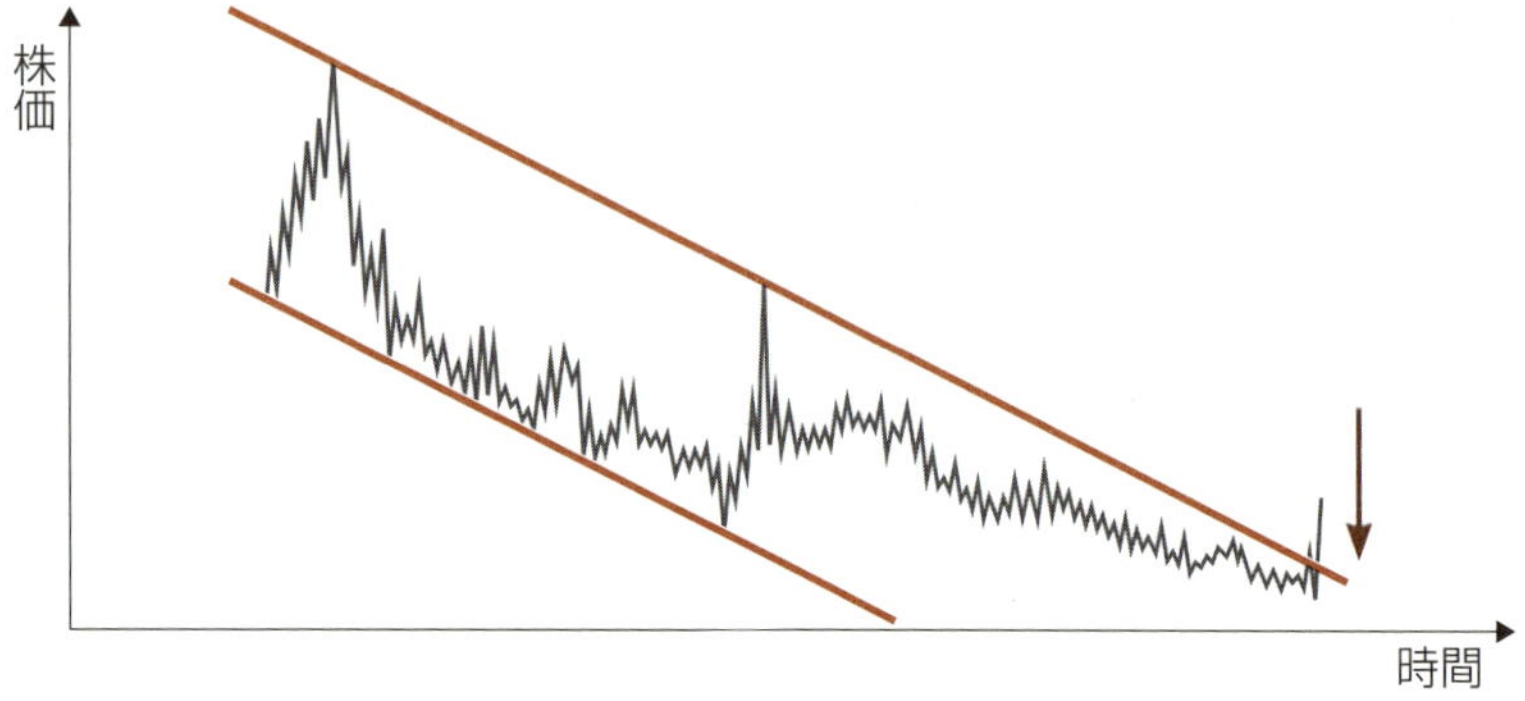

下降のトレンドライン

上昇型のトレンドラインがあれば、真反対の**下降のトレンドライン**もあります。

株価が下がったところで買って、安値で買ったと喜んでいたら、どんどん下がっていくタイプです。

安値がどんどん切り下がって、どんどん損をすることになります。どこまで行っても下がると、最後は大暴落することもある。下降型のトレンドラインには、十分注意してください。

横ばいのトレンドライン（ボックス相場）

狭い幅で値動きする２本のライン

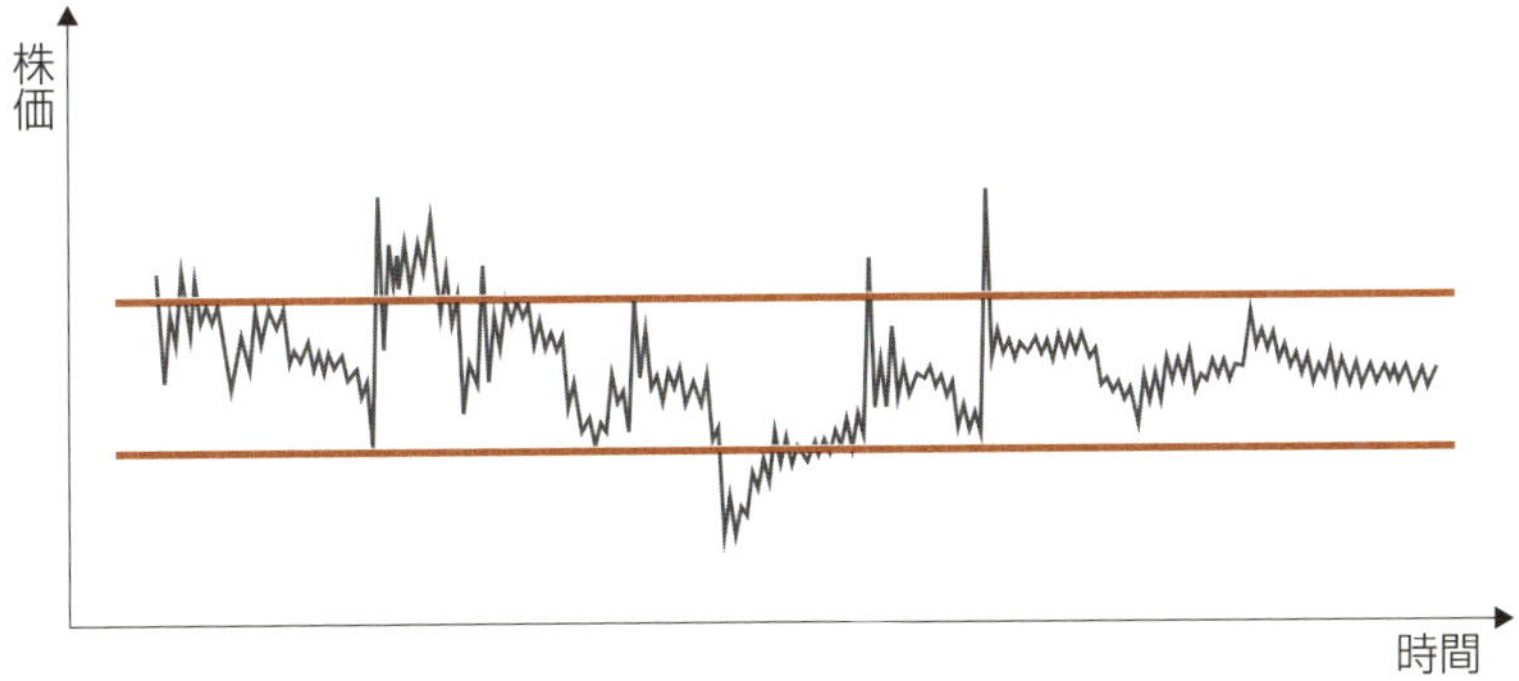

横ばいのトレンドライン

上昇のトレンドライン、下降のトレンドライン、もう一つの基本形が**横ばいのトレンドライン**です。

例えば、日経平均株価を例にとると、上値が16000円、下値が14000円の間でもみ合っているトレンドライン。こうした2000円という狭い幅で動いているトレンドラインは、ボックス相場とも呼ばれています（横ばいの形が箱に似ているため）。

2014年の日経平均株価は、年初から10月まで下が1万4000円、上が1万6000円でした。この間でもみ合っていた。そして10月、ついに1万6000円の上値抵抗線を突破し、12月8日には1万8000円をつけました。なぜか。10月31日、日銀が大規模な追加の金融緩和を発表したからです。

「天井型」と「底入れ型」

これまでのところを、もう一度簡単に復習すると、

④ラインの放《はな》れ型

⑤三角《さんかく》保ち合いの放れ型

⑥トレンドライン型

以上の3つのチャート（波動）の基本形をまず覚えます。そして次に、

・天井型

・底入れ型

の二つの波動の基本形も覚えておきます。これがわかれば、**「天井型ではないか」と思うところで売り、「底入れ型かな」と判断したところで買えば儲かります。**

ただし、泳げない人が水泳の本を読んで勉強しても、実際に泳ぎはできないのと同じで、これらの知識を知ったからといって投資で成功できるわけではありません。

とにかく実践し、その経験の中から基本形プラスアルファの知識なり体験を1つひとつ体得していかなくてはいけません。

チャートにあらわれる「天井《てんじょう》型」の基本❶

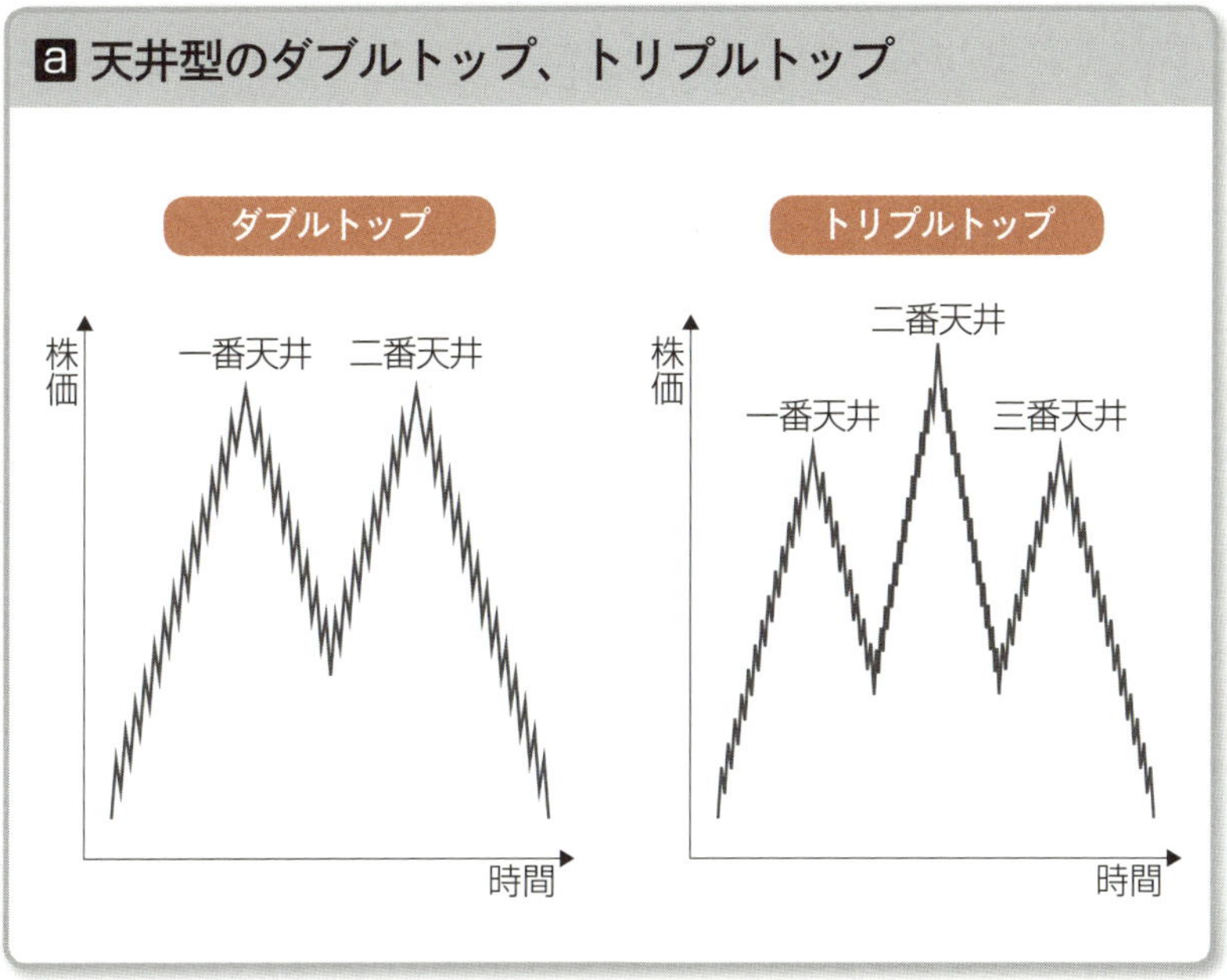

「天井型」チャートの基本

天井型は、米相場の名人本間宗久が編み出した「酒田五法」に基づいたもので、2種類あります。

それは、ダブルトップと、トリプルトップ。

ダブルトップもトリプルトップも、きれいな山形を描くとは限りません。変形があって、一番天井の山が一番大きかったり、二番天井、三番天井の山が大きい場合もありますから、変形もあることを、頭の隅に入れておきましょう。

チャートにあらわれる「天井《てんじょう》型」の基本❷

b 「天井型」のダブルトップには3つのタイプがある

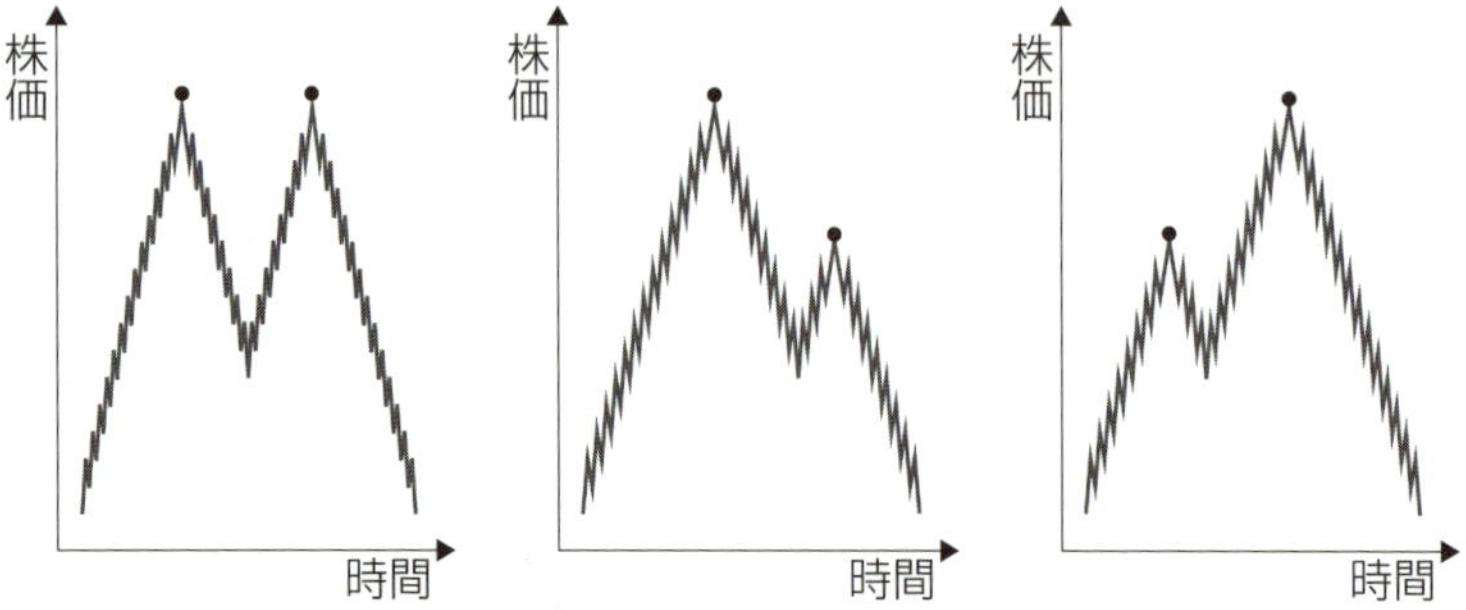

2つの高値がほぼ同じ　　最初の高値が高い　　2番目の高値が高い

c 「天井型」のトリプルトップには3つのタイプがある

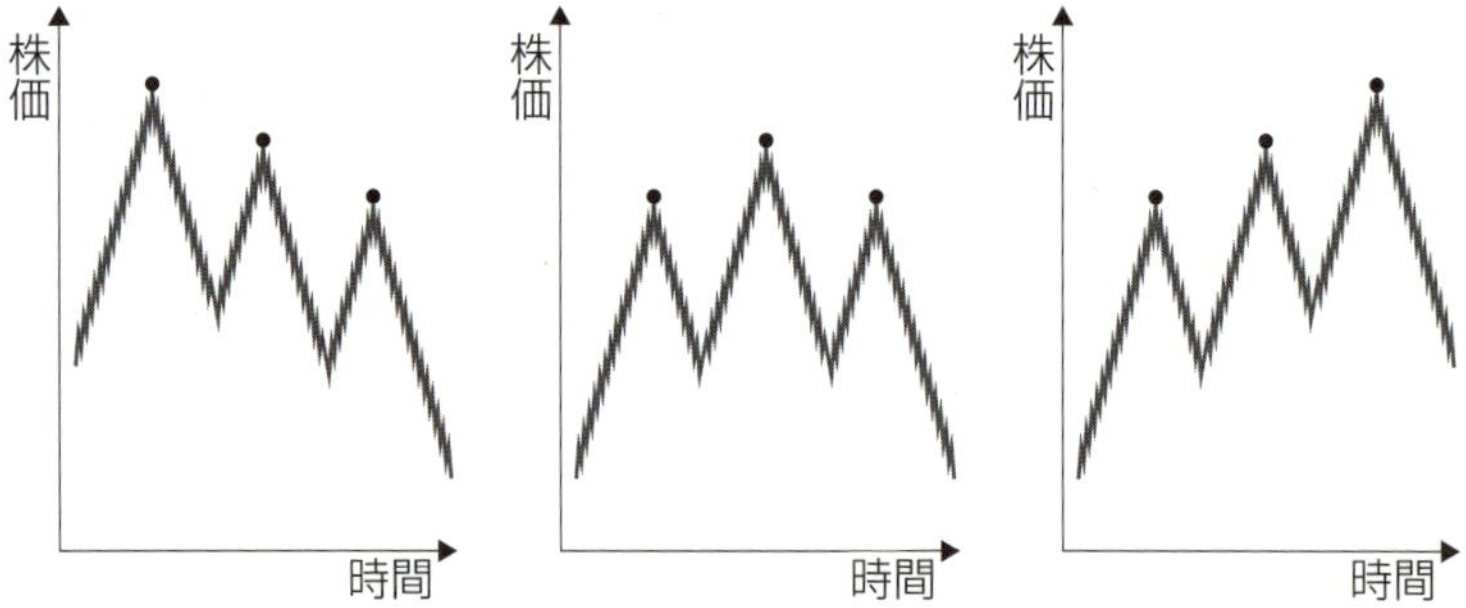

最初の高値が高い　　2番目(まん中)の高値が高い　　最後の高値が高い

チャートにあらわれる「底入れ型」の基本❶

a 底入れ型のダブルボトム、トリプルボトム

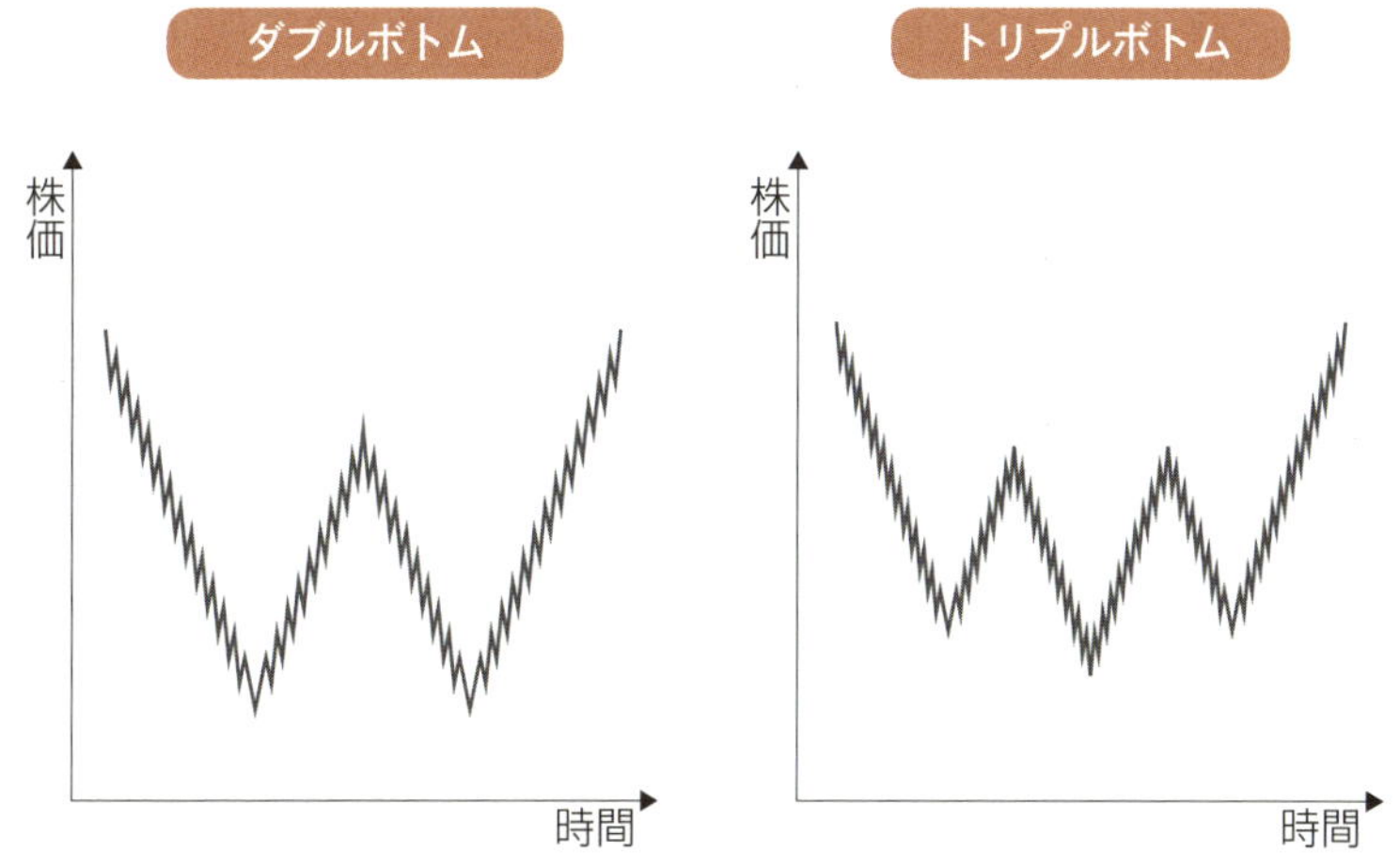

「底入れ型」チャートの基本

底入れ型は、天井型の反対です。

ひっくり返したような形で、ダブルボトム、トリプルボトムの2種類あります。ボトムとは、「底」という意味です。

2つの底を形成するのがダブルボトム、3つの底を形成するのがトリプルボトムで、2つ目の底、3つ目の底の後は、反転して上昇することが多いです。

チャートにあらわれる「底入れ型」の基本❷

b 「底入れ型」のダブルボトムには３つのタイプがある

２つの安値がほぼ同じ

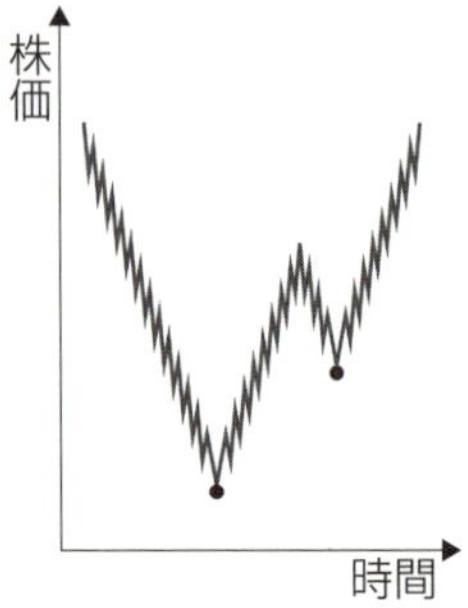

最初の安値が低い

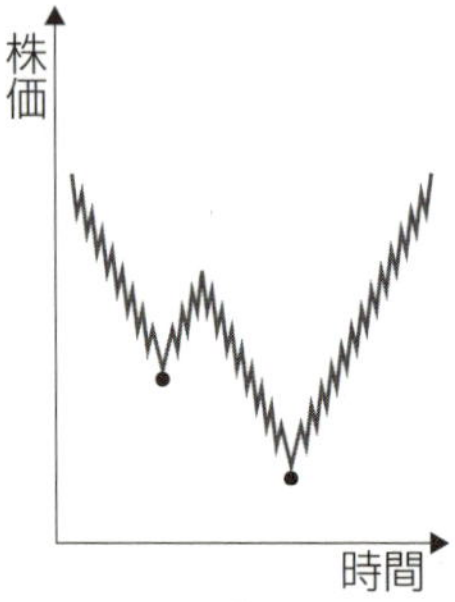

２番目の安値が低い

c 「底入れ型」のトリプルボトムには３つのタイプがある

最初の安値が低い

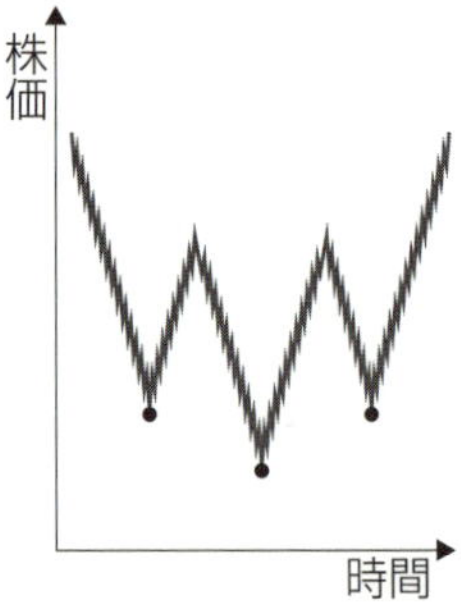

２番目（まん中）の安値が低い

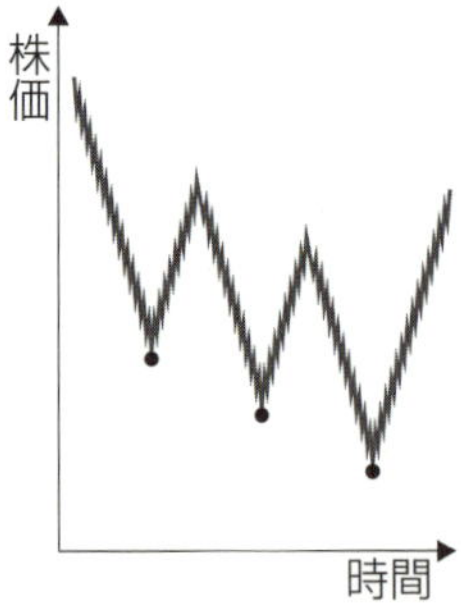

最後の安値が低い

マド（空）とは

チャートの基本形として、最後に**マド**について簡単に解説しておきます。

マドは、「**空**《くう》」とも言います。

例えば今日の株価が、前日の株価よりもはるかに高い値であった時に、昨日と今日の株価の間には、マド（窓を開けたような空間）ができます。

逆に、前日の終値よりも今日の株価がはるかに低くなった場合も、同様にマドができます。

実践編で詳しく説明しますが、ここでは、マドとは「株価が激しく高くなったり低くなったりしてできた空間」とでも覚えておいてください。

マド（空）には、一空《いっくう》、二空《にくう》、三空《さんくう》があります。

二空、三空とは、二度、三度と株価が大きく上がる（あるいは下がる）ことでできた、2ないし3つの空間をさします。

チャートの波動の3つの基本形の第1、ラインの放れ型では、ラインから放れるように上がる時は、窓を開けて上がるケースが多いです。

極端なケースでは、ドーンと上がって、2回も窓を開けたり（二空）、3回も開ける（三空）場合があります。

二空、三空ができて株が上がれば、急騰。反対に、**二空、三空とマドを開けて下がったならば、急落**です。

ただし相場の格言には、

三空に買いなし

という言葉があります。3つも窓を開けて上がるのはうれしいことですが、実際はすでに相場自体は過熱気味の兆しであることが多いのです。「注意しろ」というサインです。だから「三空に買いなし」。買うよりも、売るタイミングです。

「マドを3つも開けたら、売りなさい」

という意味です。

三空は、まさに実践レベルで習うことです。それだけ難解で、実際のチャートを見ながら、何度も研究をしてわかるようになる波動の形です。ですからマド（空）に、どう対応するかは上級者レベル。実戦を重ねないと初級者では理解するのは難しいでしょう。

基本原則の応用編

「マド(窓)」、または「空《くう》」について

実践編に入る前にこれだけはおさえておきたい基本

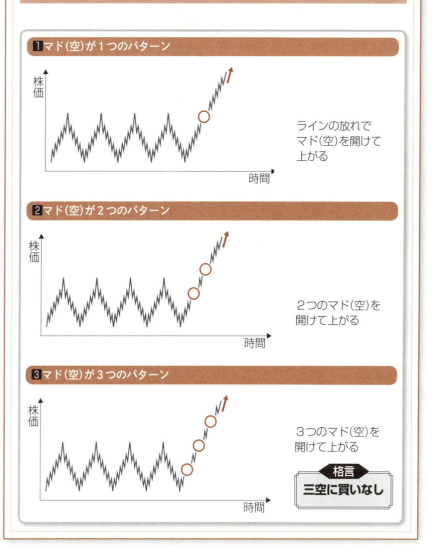

1 マド(空)が1つのパターン

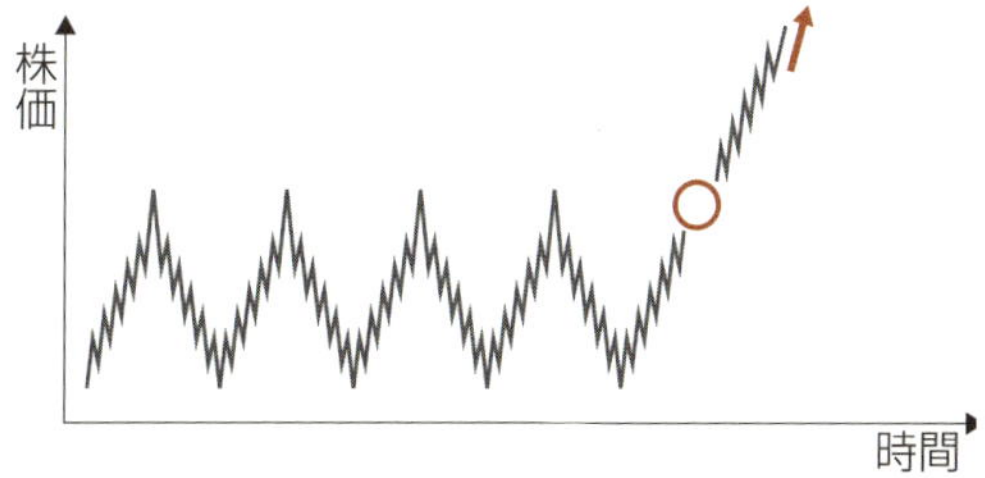

ラインの放れで
マド(空)を開けて
上がる

2 マド(空)が2つのパターン

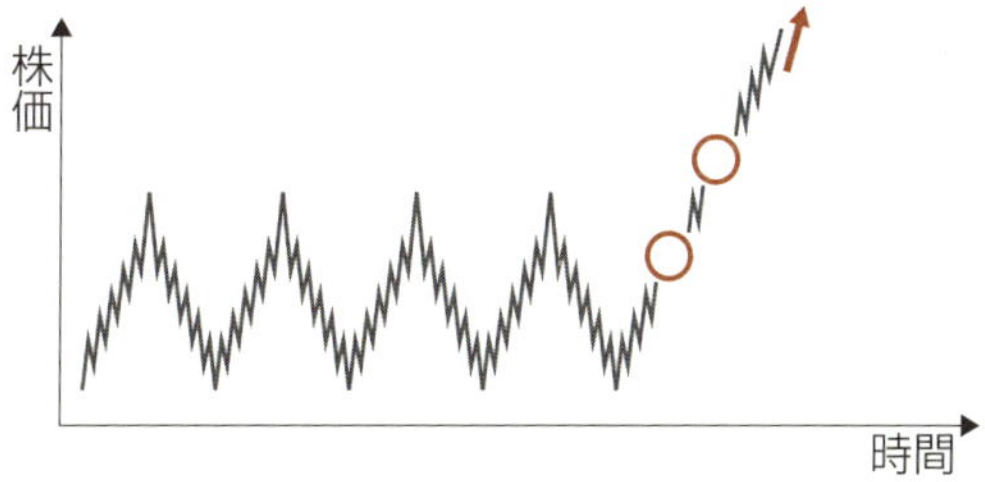

2つのマド(空)を
開けて上がる

3 マド(空)が3つのパターン

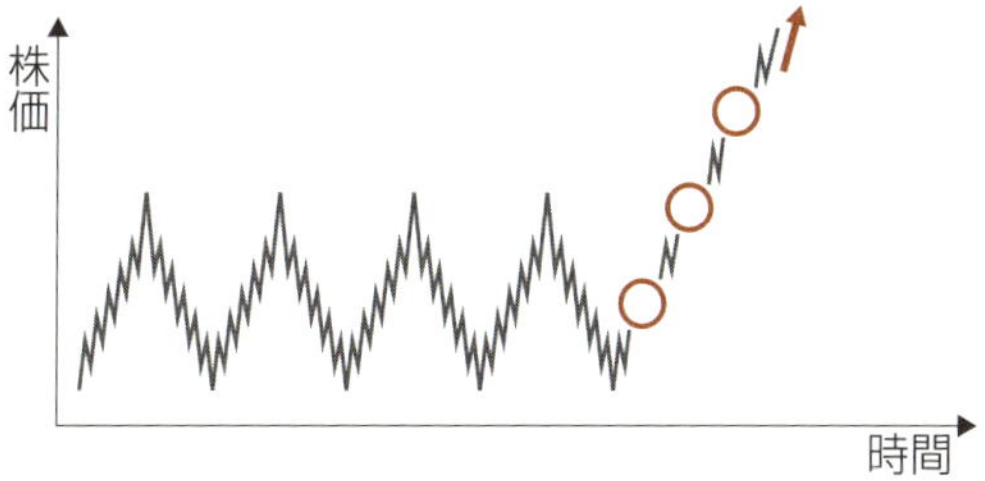

3つのマド(空)を
開けて上がる

格言
三空に買いなし

実践編

1

横ばい相場から一転、ラインの放れで大相場

「ラインの放れ」の後、マドを開けたら買い！

[redacted]

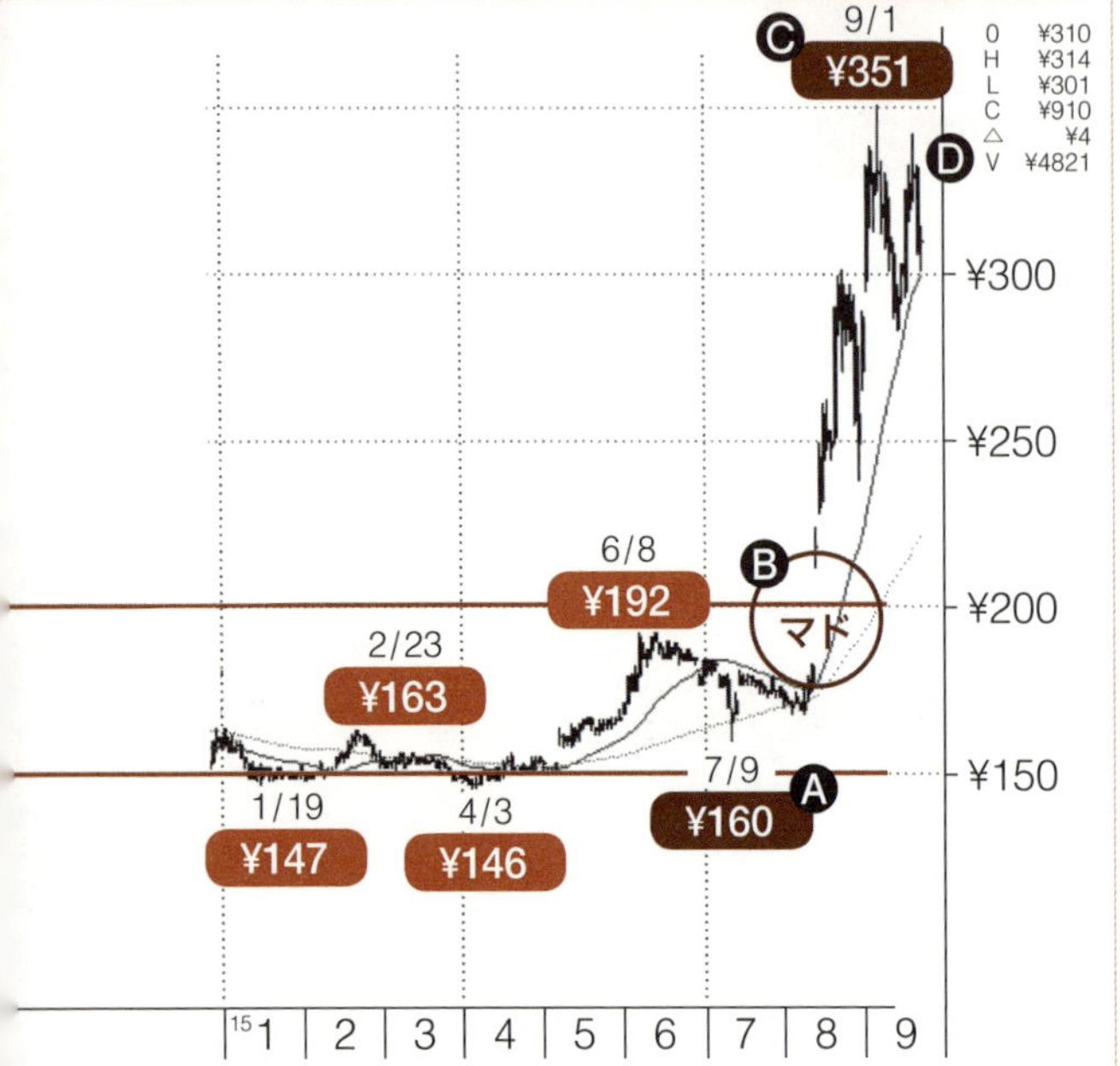

150-200円の横ばいから一気に倍の大相場になる

このチャートは、典型的な「ラインの放れ」です。相場の格言では、**「ラインの放れは大相場」**と言うほど、ラインの放れは、その後大きく値上がりする可能性があります。

2本のトレンドラインが、平行に引かれています。上は上値抵抗線（レジスタンスライン）、下は下値支持線（サポートライ

ラインの放れとマド空け

放れの後、マドを1個空けて大相場へ

ン）です。そして上は200円台、下は150円台の間を行ったり来たりしていた。ところがⒶの後、突如、上に跳ね上がりました。上のトレンドラインを突破して、Ⓑに行く。これがラインの放れの典型的な形です。しかもマドを1個空けてBになった。**マドを空けてラインの放れ**です。こうしたラインの放れは一発で終わる場合もありますが、たいていはその後大相場になることが多いのです。

実際、この株価はさらにⒸの351円まで上がり、150円から200円台の間をうろうろしていた横ばい相場の時に比べれば、**倍になった大相場**です。

実践編
2

2番天井を狙ってⒷの時に買う
10倍か、10分の1になる激動の大相場

[redacted]

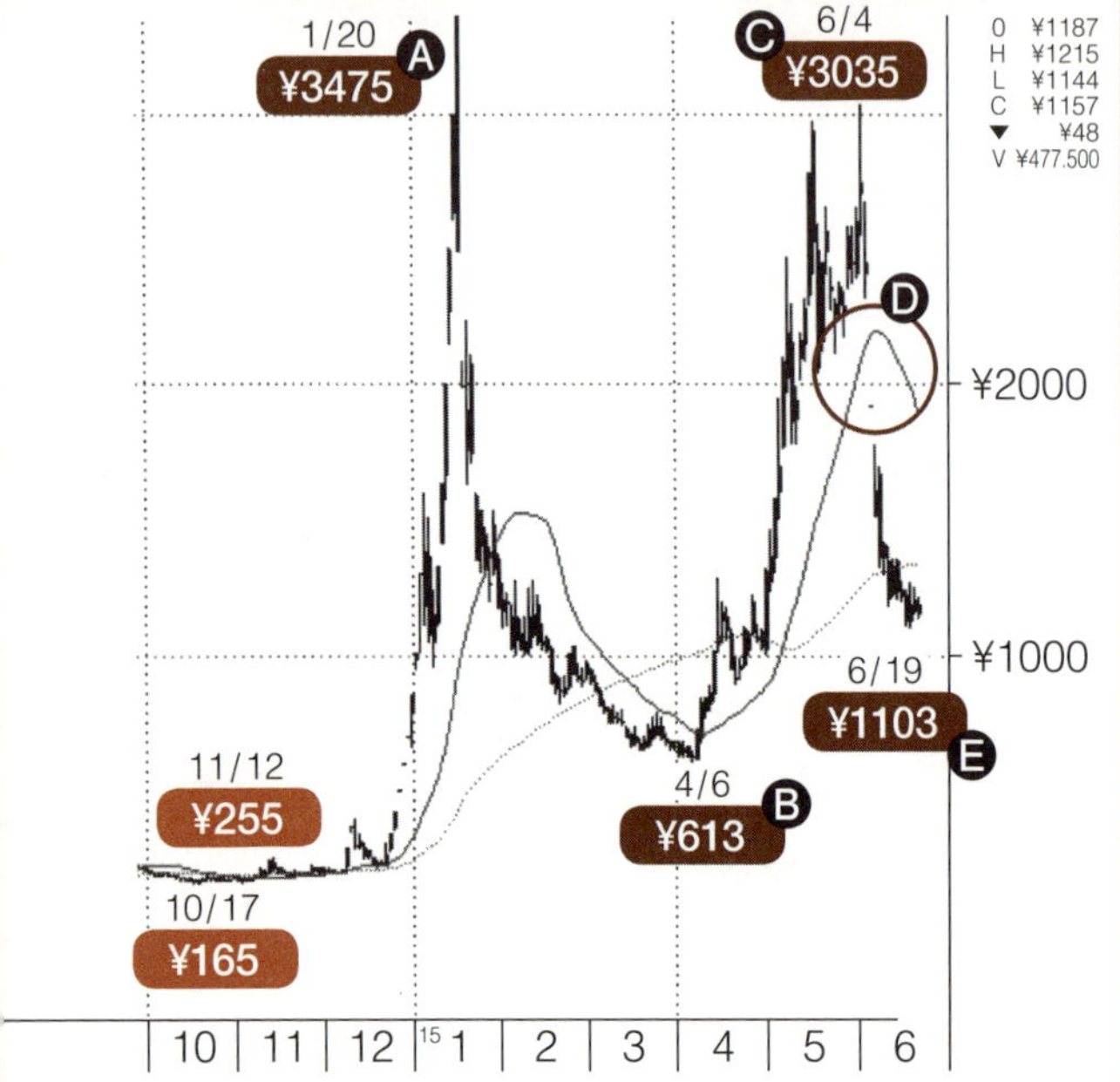

下がり始めてマドを開けたら暴落サイン

これもきれいな、典型的な「ラインの放れ」です。255円からぶっ飛んで、Ⓐで3475円もつけました。まさに**資産10倍化株**です。おそらく255円近辺、300円ぐらいで買った人がかなりいるはずです。そうした人たちは一気に3475円にもなると、恐怖と欲望でなかなか売れないでしょう。初級者

ラインの放れは大相場

Ⓐと©でダブルトップ、ⒷとⒺでダブルボトム

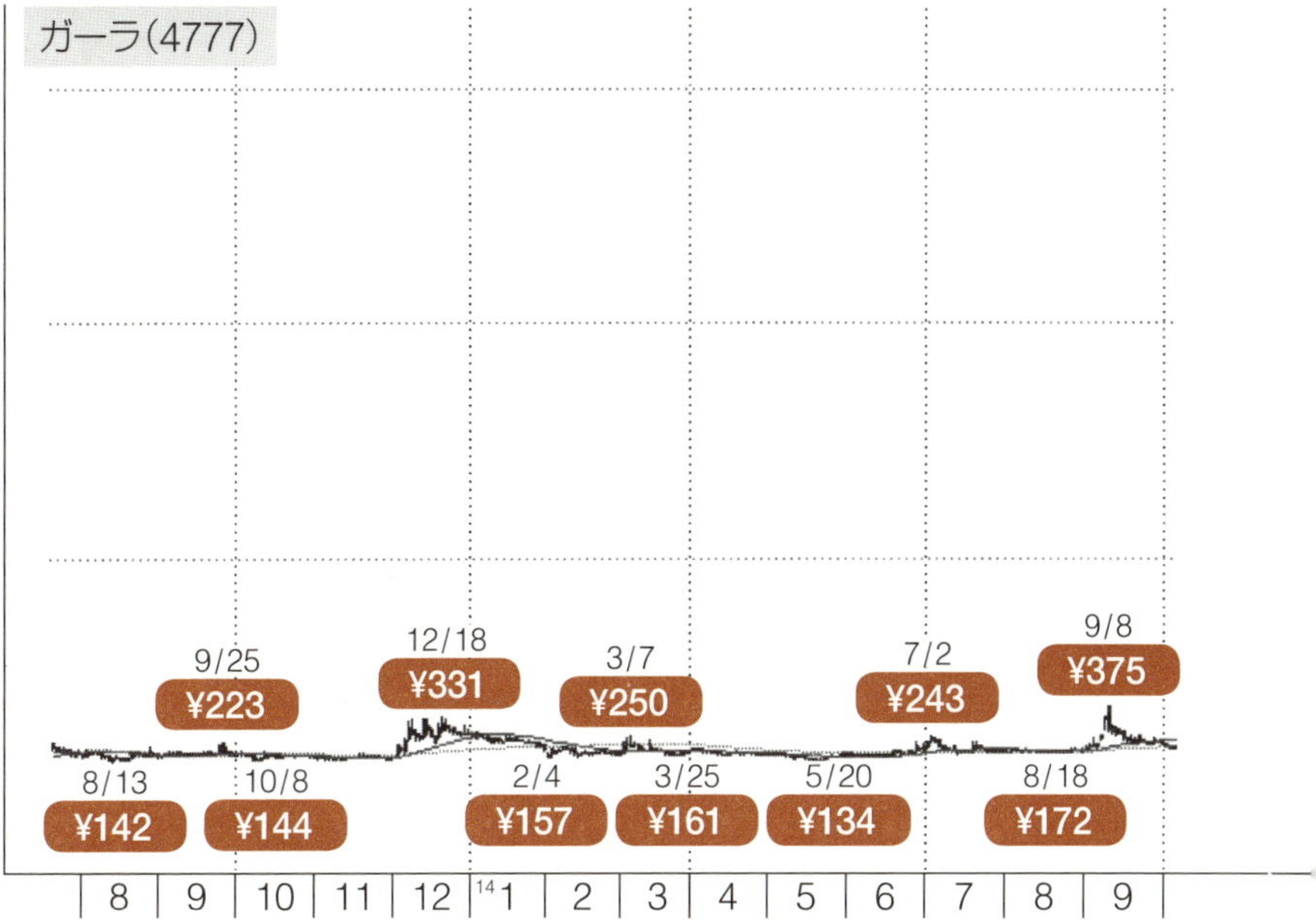

であるほど、売れない。上がるか、下がるか、判断できないわけです。迷って売り損ねると、ドーンと下がって613円（Ⓑ）。一気に上がったⒶで買っていた人は、アッと言う間に、5分の1に下がって真っ青です。普通なら一段落というところを、しかし再び上昇。今度は2番天井を取りにいきます（©）。©の2番天井を打った後、なんとマドを開けました（Ⓓ）。これは暴落のシグナル。案の定、1103円（Ⓔ）まで下がって、この後どうなったか、という局面です。Ⓑになった時、最初の一番天井Ⓐに向かう2番天井（©）を予想し勝負です。そこが勝負の分かれ目。

実践編 3

ライン《ちなみ》が上放れで、かつマドを開けたら急騰する

「ラインの放れ」はマドを開けたら大相場！

ラインの放れが上に行くか下に行くかが読みの勝負

これも「ラインの放れ」の典型的なチャートです。

Ⓐの515円からⒸの782円に上がっています。上場したばかりの株ですが、当初は500円近辺をうろうろしていて、いきなりドーンと来た。しかも途中で1回マドを空けています（Ⓑ）。

「ラインの放れ」は、もちろん上に放れるだけでなく、逆に下に下がる放れもあります。それを読むのは難解です。上に放れるのか、下に放れるのか、それぞれの相場には波動があり、局面はさまざまなので、もう臨機応変に判断するしかありません。「ラインの放れ」が、上に行くのか、下に行くのかを読むのは、プロの投資家でも大変です。

修羅場をくぐった数が多い人ほど、正確に読む確率は高いでしょう。凄まじい数の局面を経験しているかどうかで、読みも違ってきます。

実践編

ラインの放れ・マドを空けて急騰

Ⓒの後は3分の1押しか？半値押しか？

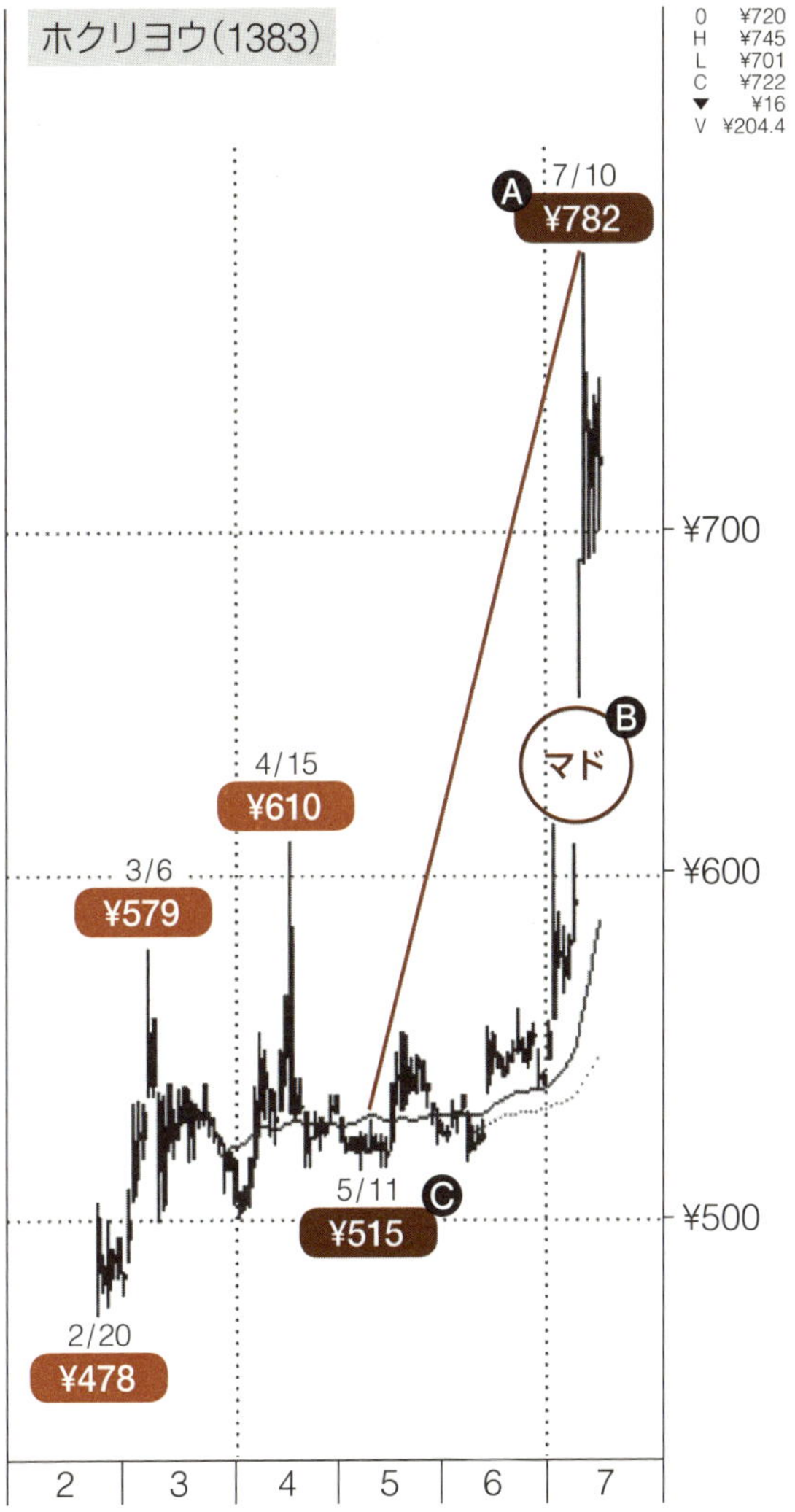

実践編

4

上に行くか、下に行くかの判断で勝敗が分かれる

三角保ち合いのもみ合い時にどう判断するか

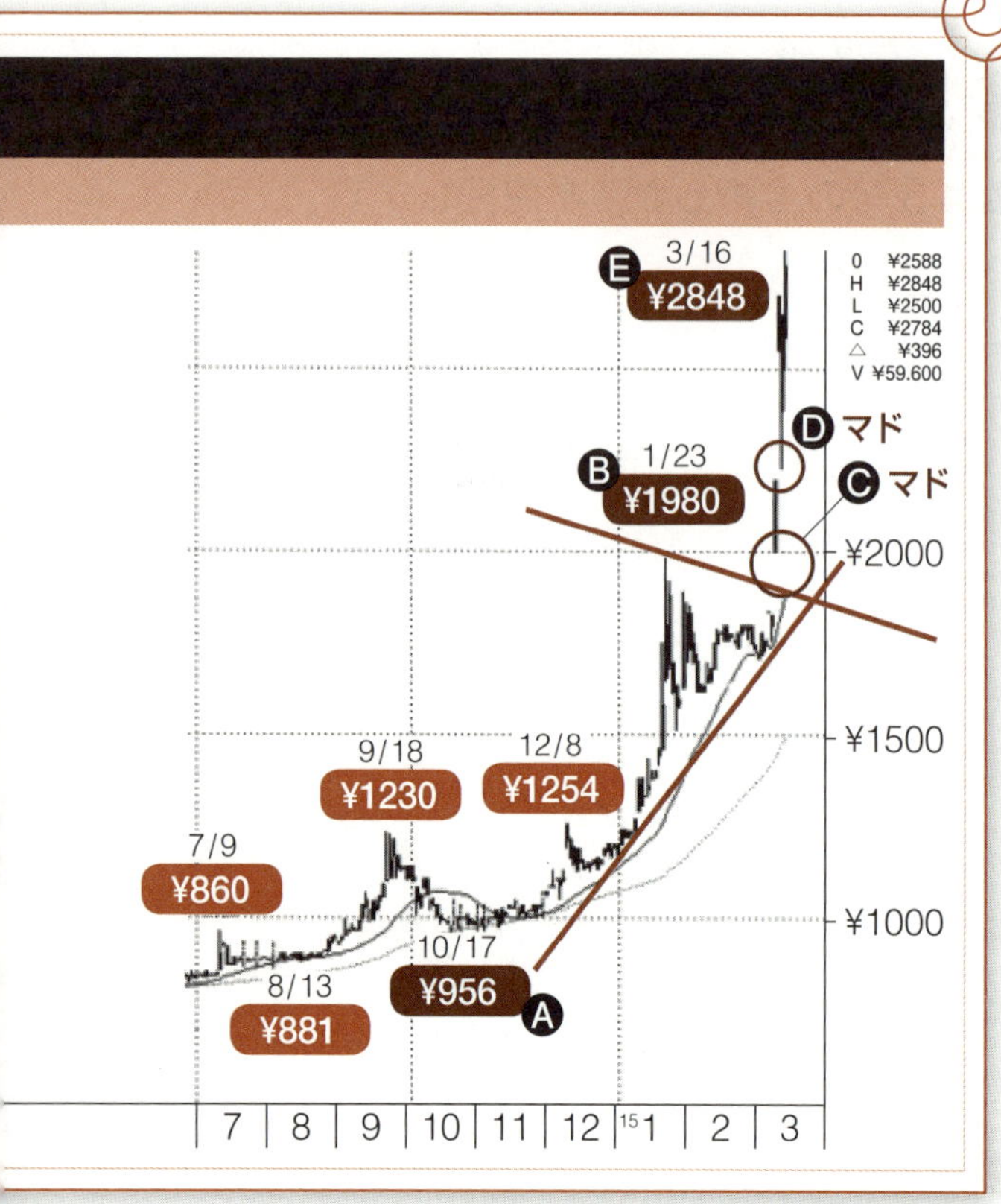

「ラインの放れ」から「三角保ち合い型」への典型例

長い間ほぼ横一直線のラインが続き、典型的な横ばい相場でしたが、Ⓐの９５６円から株価上昇の動きを見せ始めました。

なんと１９８０円まで上がり（Ⓑ）、その後少し下がって、三角保ち合い型になった。

なぜ少し下がったのかというと、利益確定の売りがあったからです。Ⓐの時から１０００円

三角保ち合い・上放れ

三角保ち合いで上に放れたパターン

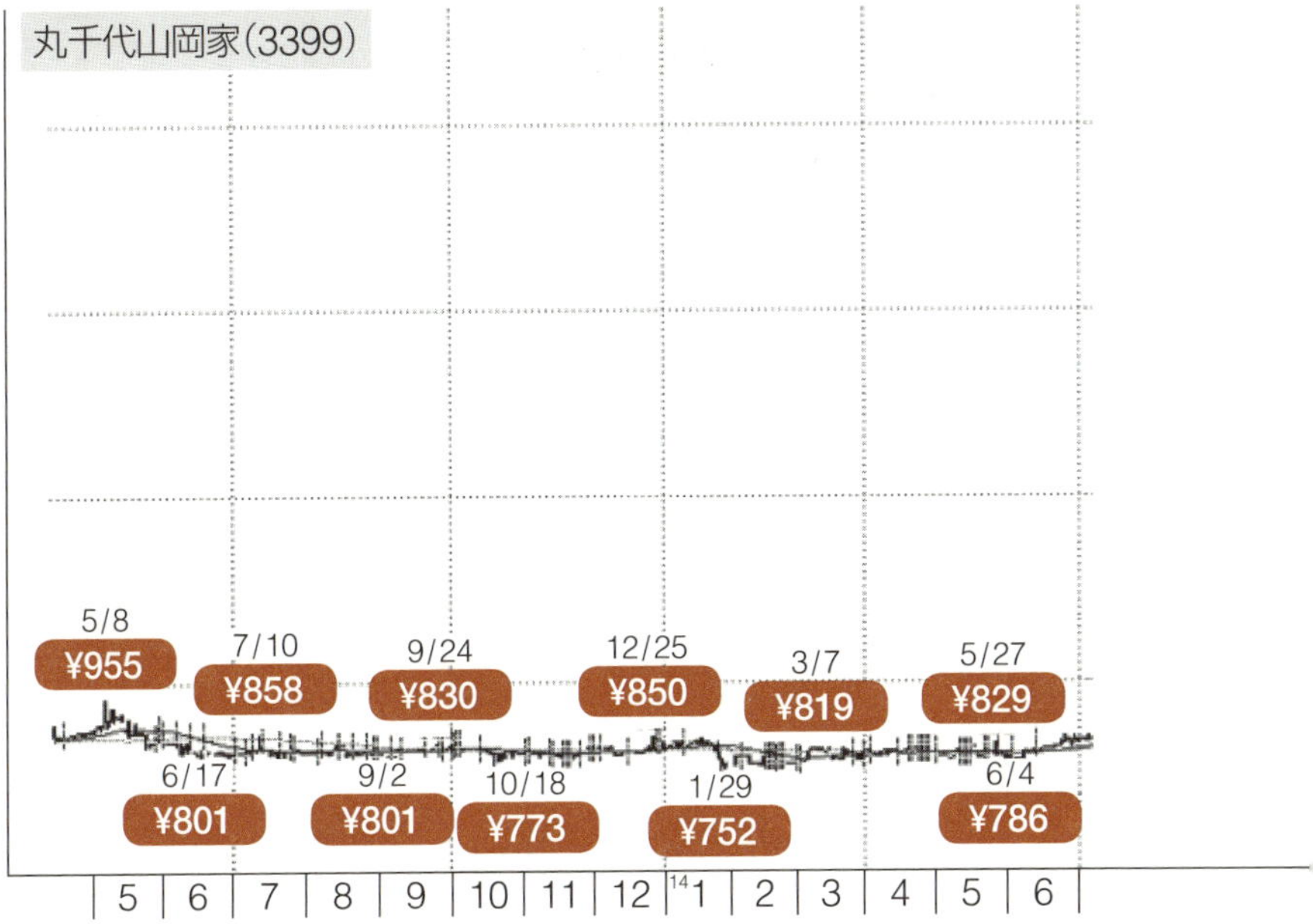

も上げたので、喜んで売った人も多かったでしょう。そして三角保ち合い型を形成しながら、三角形の頂点に近づき、上に行くか下に下がるかの瀬戸際で、上放れしました。しかも、Ⓒ、Ⓓと2回もマドを空けてついにⒺの2848円です。1回目のマド（Ⓒ）の後、2回目のマドの後なら、三角保ち合いの放れに気づくでしょう。しかしその時には、すでに株価は急騰中です。勝負の分かれ目は、Ⓑの1980円の後の、もみ合っている時。この時が最大のチャンスです。この後、上に行くのか、下に行くのかの読みが勝負を決めるのです。

実践編
5

平行四辺形型と三角保ち合い型の組み合わさったパターン

「三角保ち合い型」の「上放れ」を読む方法

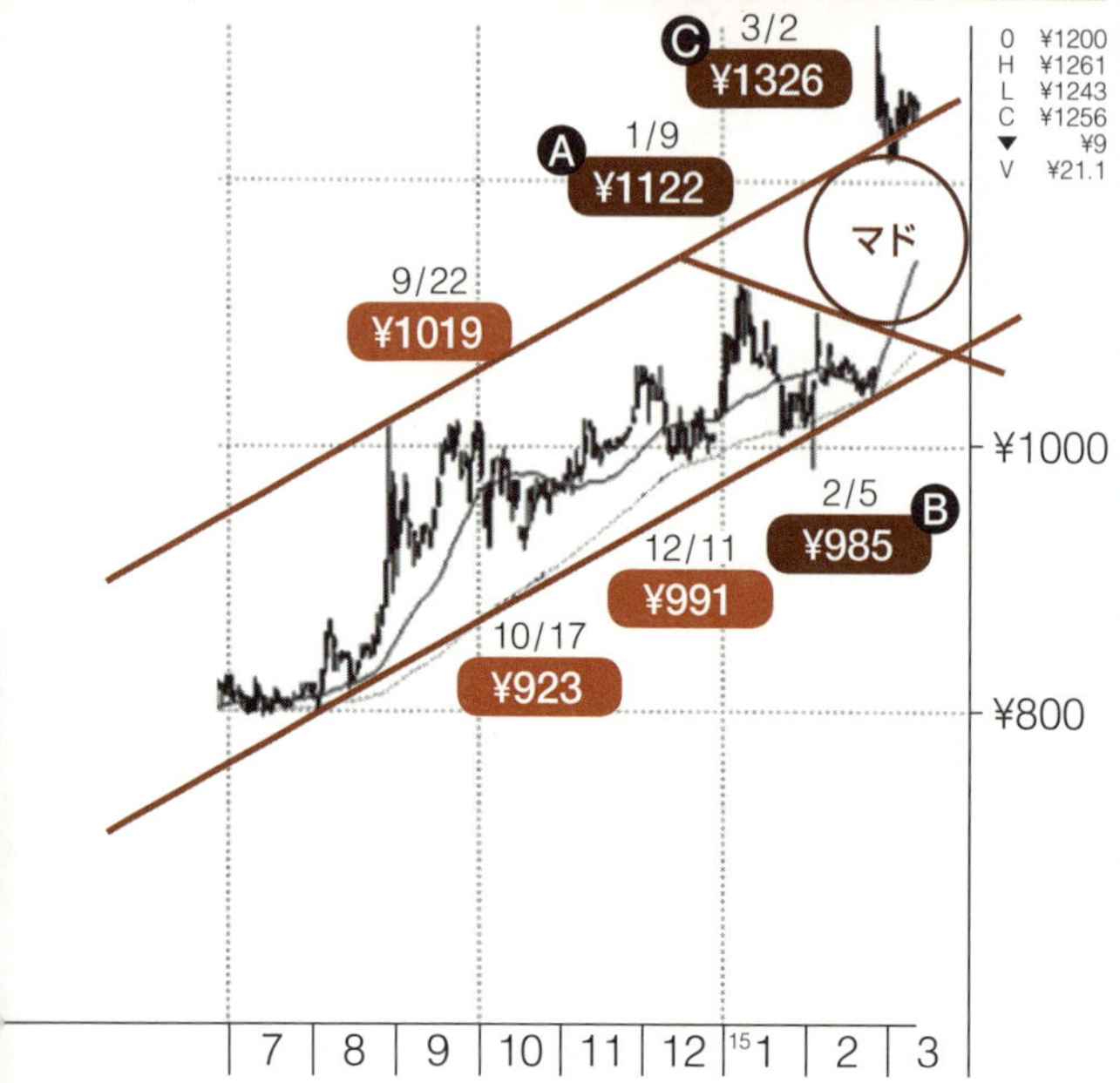

2つの型が組み合わさり暴騰した株価

このチャートは、横ばい相場が続いた後、上放れ。直近の高値を結んだ上値抵抗線と、安値を結んだ下値支持線の2本のトレンドラインが、上方にほぼ平行して伸びています。

そしてⒶの1122円をつけた後、下のトレンドラインに近づいて、三角保ち合い型を形成。そこから上に大きくマドを

三角保ち合い・上放れ

三角保ち合いの後、大マドを空けて急騰

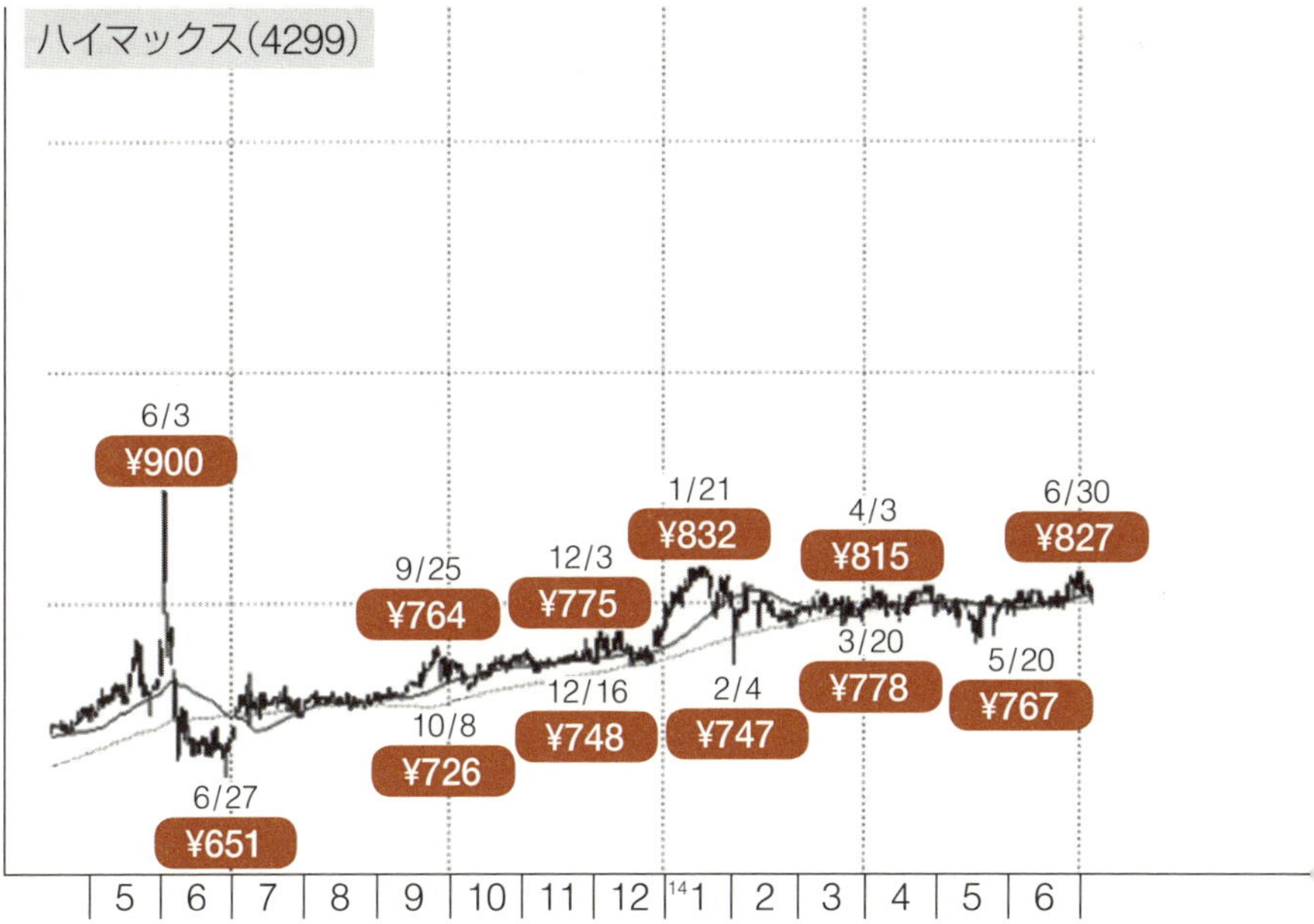

開けて、1326円をつけました（Ⓒ）。

平行四辺形型が最後に三角保ち合いになったパターン。平行四辺形型と三角保ち合い型の組み合わせになったパターンですが、もともとは上向きの平行四辺形ですから、この株価はもともと強かったと言えます。

私はこういうトレンドラインを、チャートを見た時すぐに頭の中で引くことができます。するとⒷの985円あたりから、先が読める。読者の皆さんはぜひ、日頃から実際にトレンドラインを引く練習をして、Ⓒを読めるようになってください。

実践編

6

三角保ち合いの上放れの読み方

下降する上値抵抗線、上昇する下値支持線…その先は？

三角保ち合いでマドを開けて上放れ

急激に上がる動きを何度か繰り返しながら、全体では徐々に上向きになっている、力強い株価です。

下値を結んだ下のトレンドライン（下値支持線）と、直近の高値のⒶ、Ⓑ、Ⓒを結んだトレンドライン（上値抵抗線）とがクロスして三角保ち合い型に。441円（Ⓓ）をつけた後に上

三角保ち合い・上放れの上昇トレンド

下値抵抗線を下回らない＝上昇パターン

放れします。

441円（D）の後、マドを開けて急騰。Eの632円に向かいました。

これもトレンドラインを引いていると、読めるチャートです。逆に言えば、トレンドラインを引いていないと動きが読めません。上値抵抗線を突破したところで、Eへ向かう上放れはある程度予想できるのです。

下のトレンドラインは下値支持線。Dの441円の直後は、株価が下値支持線（トレンドライン）を下回らず、上昇、マドを開けた時が勝負です。

実践編

7

下落トレンドは空売りで儲ける

買いで儲けるのは無理、空売りで儲けるパターン

三角保ち合い型で下放れした時の投資法は？

この三角保ち合い型は、下に放れたケースです。Ⓐ、Ⓒの下値支持線、Ⓑ、Ⓓの上値抵抗線が三角形を形成して頂点に絞られる。そして下値抵抗線を突破して、Ⓔ(2650円)をつけた。こうした場合、この後はさらに直近の安値であるⒸ(2240円)まで下がる可能性があります。それが波動のパターンです。

三角持ち合い・下放れの下落トレンド

下落トレンドも「読めれば」儲かる

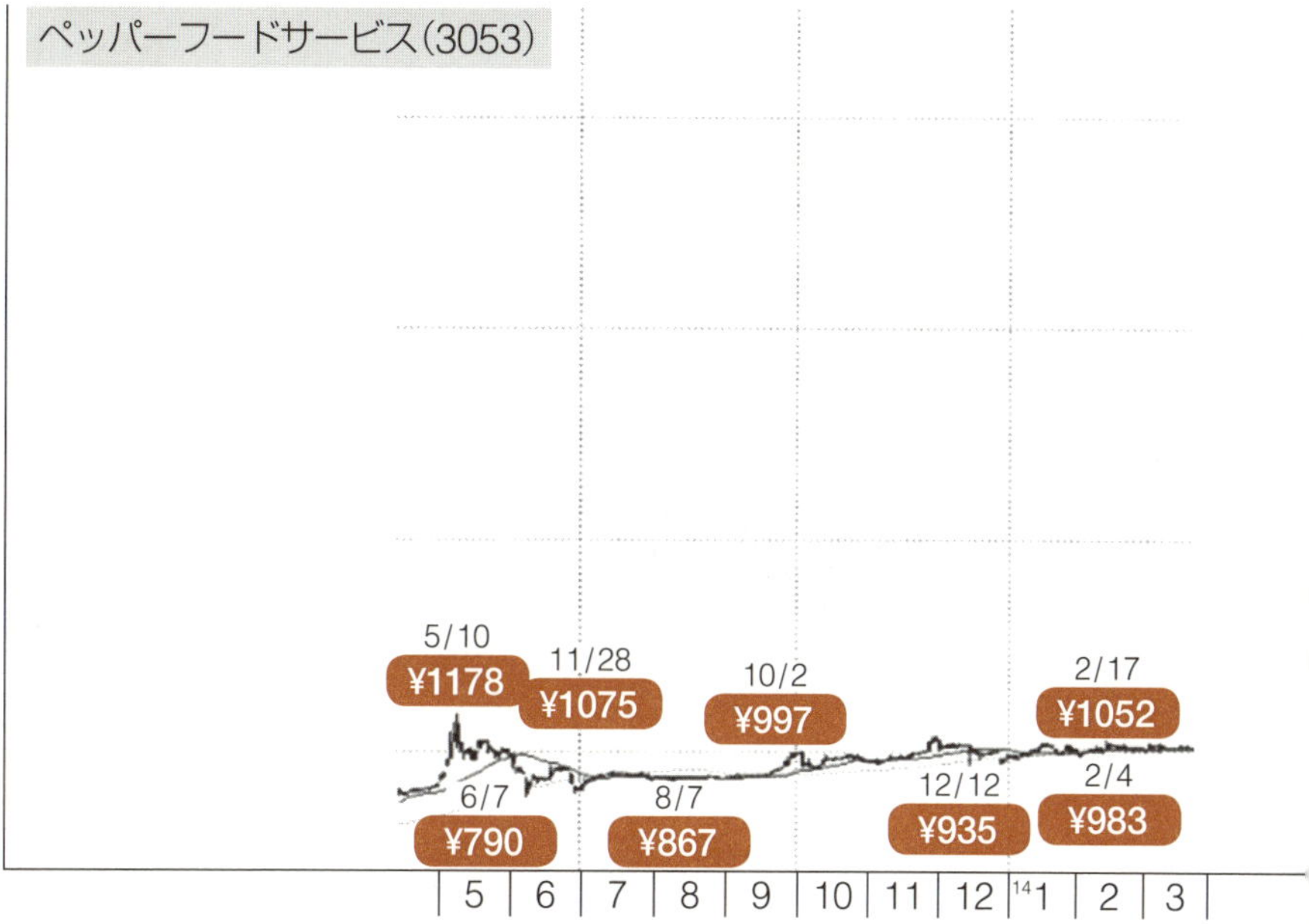

トレンドラインを引いていると、これがわかるのです。**トレンドラインがなく、ただチャートを見ているだけでは波動のパターンは読めません。**この点を十分理解してください。

さらにこの株価の場合、ひどい場合はⒶ（1507円）まで下がる可能性も考えられます。下値支持線を下に越えると、さらに直近の安値まで下がるというのは、波動のパターンです。Ⓔの時点で、Ⓒ、あるいはⒶを狙って空売り※したほうが儲かるトレンドです。

※ **空売り**：下がると予想した株を買わずに借りて売り、実際に値下がりしたところで買い戻す。たとえばAという銘柄の株価が1000円の時、証券会社などからAの株を借りて、その後に売って1000円を得る。700円に下がったところで買い戻し、借りた先に株を返すと1000 − 700 = 300円の利益になる（手数料などは別途）。

[redacted]

実践編

8

徐々に上値が下がり、弱い動きの三角保ち合い型

過去には4070円の高値、863円の安値もあった幅のある相場

上値が少しずつ下がる弱い動き

三角保ち合い型で、弱いタイプのチャートです。三角保ち合い型には3つのタイプがあります。三角形を形成する上値抵抗線と下値支持線。その2本のトレンドラインのうち、上値抵抗線が少しずつ下がってきて、三角形の頂点を目指す場合は、**弱い株価**。上値が徐々に下がり、下値が徐々に上がり、2本のト

三角保ち合い・上値低下型

株価の屋根（上値）が下がる型

レンドラインが中央の頂点に向かって収束していく場合は、中立タイプ。下値支持線が少しずつ上がっていく場合は、**強い株価**です。このチャートは、下値（Ⓑ、Ⓓ、Ⓔ）はほぼ横ばいで平行、しかし上値（Ⓐ、Ⓒ、Ⓕ）が少しずつ下がってきているので、弱い株価の動きです。この後、三角形の頂点をつくるようになって、その後上に行くのか、下に行くのか、勝負どころ。しかし下に下がる場合が多いです。よくて横ばい。このような形を、「**株価の屋根（上値）が下がる型**」と言って下落トレンドに多くあらわれるタイプです。

原油の価格にもトレンドラインがある

サポート ライン（下値支持線）を引いた例

1993〜2015の原油価格のチャート

原油価格も、株価のチャートと同様に、トレンドラインを引けば、価格の動きを読むことができます。
1993 〜 2015 の原油価格のチャートでは、1998 年 12 月、2001 年 11 月、2008 年 12 月、2015 年の 8 月の安値を結ぶと、サポートライン（下値支持線）を引くことができる。このサポートラインを 2015 年 8 月以降、下回ったため、原油価格がさらに下降するのが予想できました。

第3章

暴落、暴騰を事前に察知する

酒田五法を活用して、平成の大相場に参画する！

中・上級編

中・上級編

暴落のリスクを回避し暴騰でチャンスをつかむ極意

暴落、暴騰は、事前に起こる「サイン」で見極める

天井を打つと暴落のリスク、底を打てば暴騰のチャンス

ここからは、中・上級者向けの内容となります。初心者の方は読み飛ばして構いません。実践経験のある方には、スガシタ流の株で勝つ極意を、さらに深く学ぶ章となりますので、参考にしてください。暴落、暴騰は、株式投資の最大の分岐点です。株価の暴落、暴騰で誰もが大損したり、大儲けしたりします。投資家にとってはそれを事前にいかに察知するか、で勝敗が決まってきます。

「そろそろ暴落するのではないか」

「近いうちに暴騰しそうだ」

という投資家たちの思惑とは裏腹に、暴落、暴騰を事前に察知するのは、きわめて困難、至難の業です。ただ**暴落、暴騰も、一言で言えば、株価が天井を打った後、あるいは底入れした後に起こるもの**なので、株価が天井、もしくは底であることがわかれば、素早い対応ができます。

「天井《てんじょう》」と「底《そこ》」を見極める

天底のサインをいかに察知するかが勝負の分かれ目

「天井」とは 暴落 のサイン
「底」とは 暴騰 のサイン

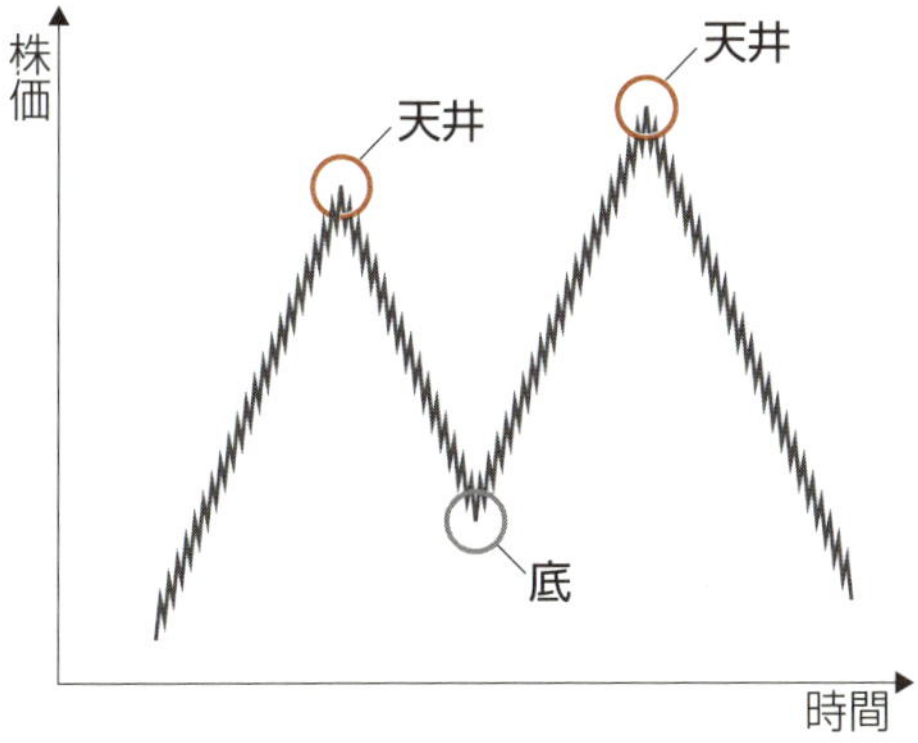

天井

「天井」は、上がり続けている株価が、そろそろ暴落する前触れのサイン

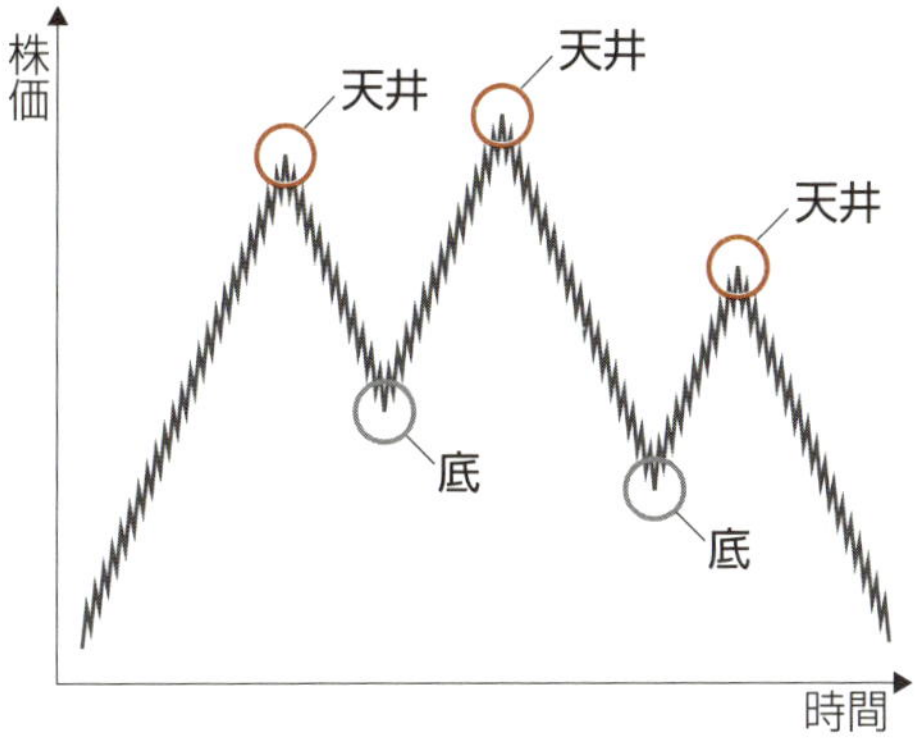

底

「底」は、下がり続けている株価が、いよいよ暴騰する前触れのサインと見る

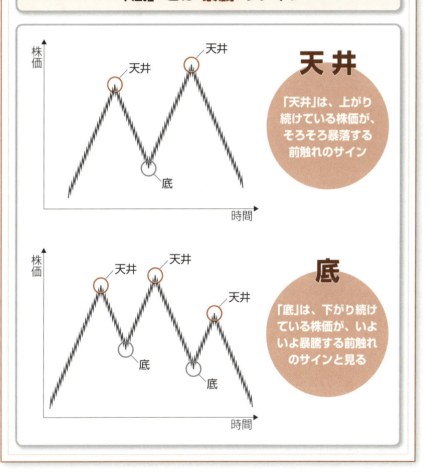

中・上級編

株価のサインを見破る法──基本編

トレンドラインを1本引くだけで天井かどうかがわかる！

直近の高値からトレンドラインを引く

それでは具体的に、株価のサインを見破る方法を、チャート使って説明しましょう。

一番のポイントは、暴落、暴騰のサインを見破ること。それには、**株価が「天井を打った」とわかれば、その後に起こる暴騰が予測できます。その後の暴落が予測できるし、反対に「底を打った」とわかれば、**

左図上を見てください。○印を付けた時点で、どう判断したらよいか。この後、株価はさらに上がるのか、それとも下がり始めるのか。戦々恐々とする場面ですが、スガシタ式投資法の基本を使えば楽に判断できます。それは、**トレンドラインを引くこと**です。

左図中央のように、直近の高値のⒶから、真横に平行にトレンドラインを引いてみましょう。こうすれば、株価がこの後、トレンドラインを越せば、上昇のサイン、トレンドラインを超えることなく下がり始めたら、今後は下降するサインだと、判断することができるのです。

天井か、天井でないかの見分け方

直近の高値を見る

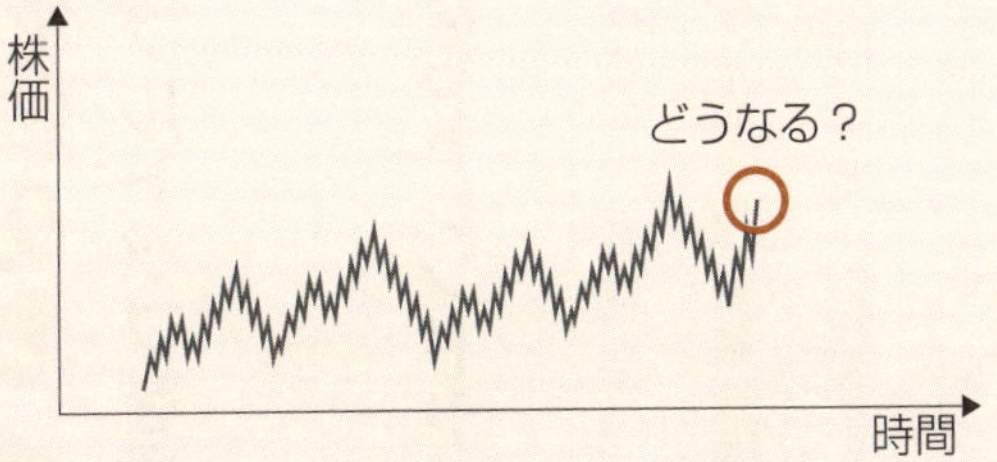

天井か？
さらに上昇するか？

天井でない場合は

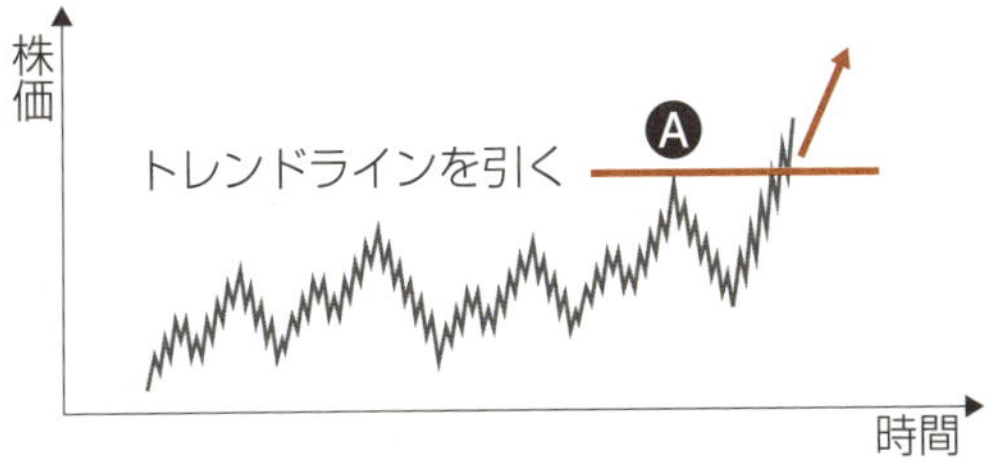

直近の高値のⒶを
越えれば株価は上昇

天井の場合は

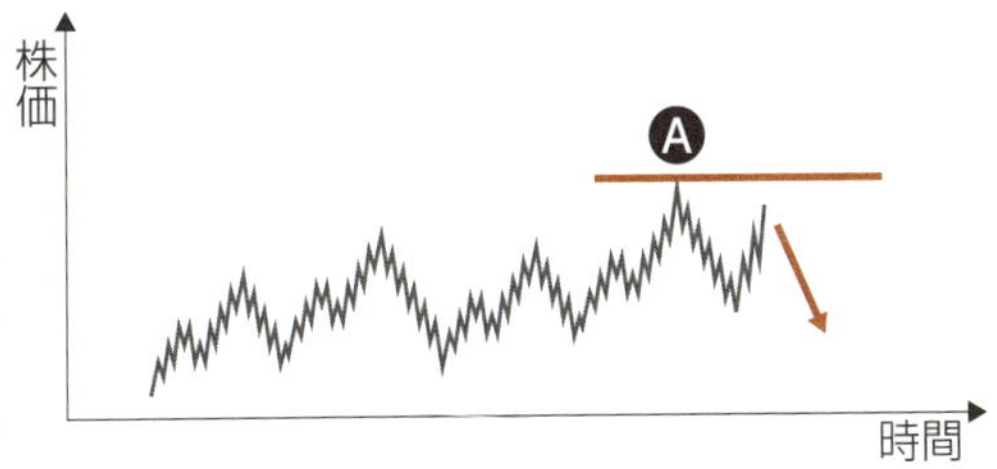

直近の高値のⒶを
越えなければ
天井であり株価は下降

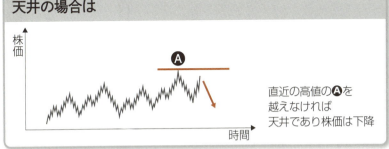

中・上級編

株価のサインを見破る法——中級編①

ダブルトップを見分ければ、暴落、暴騰のサインがわかる！①

直近の高値からトレンドラインを引き、ラインを越さなければダブルトップ

暴落のリスクを回避し、暴騰でチャンスをつかむ極意。

まず最初は、**ダブルトップを見分けて、暴落のサインを見破る方法**です。暴落は、突如、訪れます。しかし、**その直前には、予兆があります。**その予兆を見抜く、見破ることが極意です。ここではダブルトップを見分ける方法を説明します。ダブルトップとは、株価の大きな2つの山です。株価が上昇し、1つの山をつくった後に下降し、また戻って上昇する。その際、左図上のように、最初の山（トップ）を越えるかどうか、判断しなくてはなりません。そのために、左図中央のように最初の山のⒶからトレンドライン（レジスタンスライン）を平行に引きます。左図下のように、株価がこのトレンドラインを越して、上に上がれば、まだまだ上昇の気配。しかしこのトレンドラインを越えずに下がり始めたら、これは2つ目の山、ダブルトップだと判断、**暴落のサインと見て、下がり始めると判断します。**

ダブルトップ(山が2つ)の見分け方①
「天井(下降)」か「底(上昇)」のサインを見分ける

トレンドラインを引こう

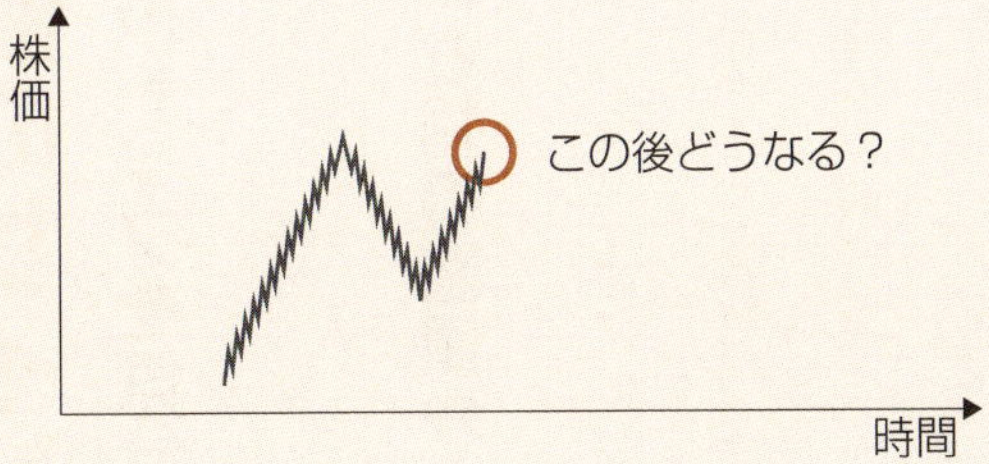

ダブルトップ
(山が 2 つ)になるのか
それとも上昇するのか？

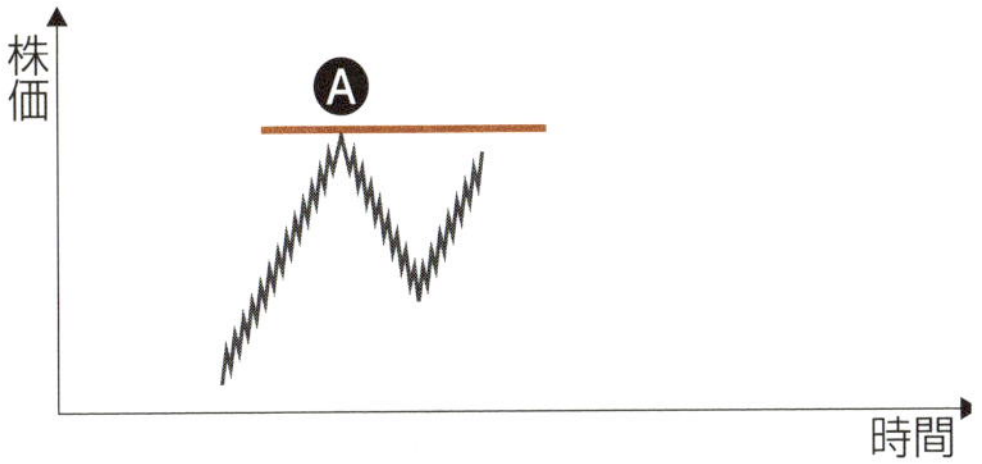

直近の高値Ⓐから
トレンドラインを
平行に引く

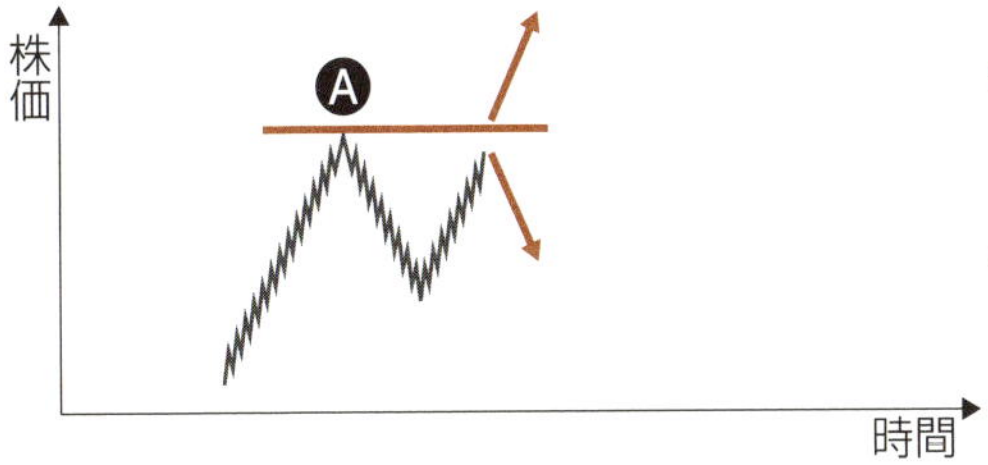

- トレンドラインを越えたら、ダブルトップではなく株価は上昇
- トレンドラインを越えなければ、ダブルトップで株価は下降

中・上級編

株価のサインを見破る法――中級編②

ダブルトップを見分ければ、暴落、暴騰のサインがわかる！②

ダブルトップの右端の底値からトレンドラインを引く

では、実際に株価が2つの山（ダブルトップ）を形成した後は、どうするか。ここで説明しましょう。

左図上のように、株価が下がり続け、2つの山の最下部まで達してきたら、どう判断するか。まだまだ下がり続けるのか、あるいはそろそろ反発して上昇するか、その判断の材料となるのが、トレンドライン（サポートライン）です。左図中央のように、1つ目の山の最下部から横にトレンドラインを引きます。このトレンドラインを下回れば、株価はさらに下降。暴落のサインとみなします。

しかしこのトレンドラインを下回らず、上がり始めたら、これはダブルトップを形成した後の下落調整局面が終わり、あらたな上昇トレンドの局面に入ったと判断します。暴騰のサインと見て、株価上昇を予測できます。1本のトレンドラインを引くことで、暴騰のサインを見破ることができます。

実践編

ダブルトップ(山が2つ)の場合の見分け方②
「天井(下降)」か「底(上昇)」のサインを見分ける

サポートラインを引こう

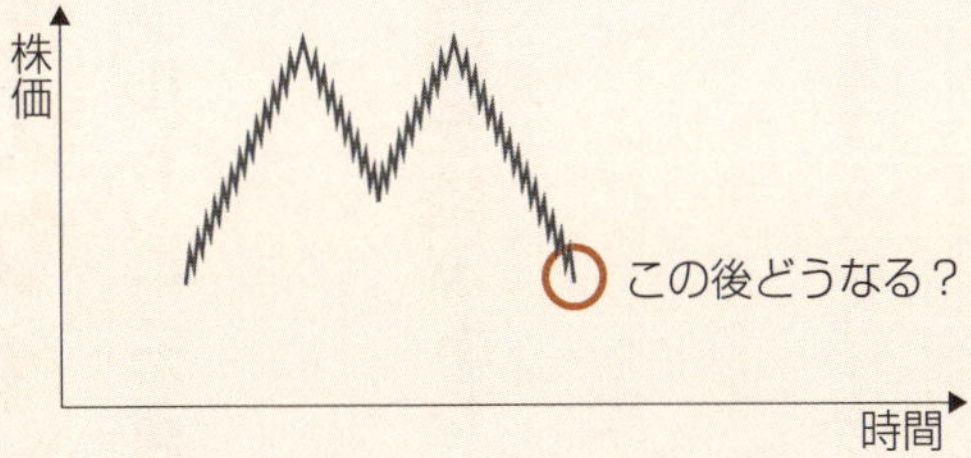

ダブルトップ(山が２つ)でこの後の株価はどうなるか

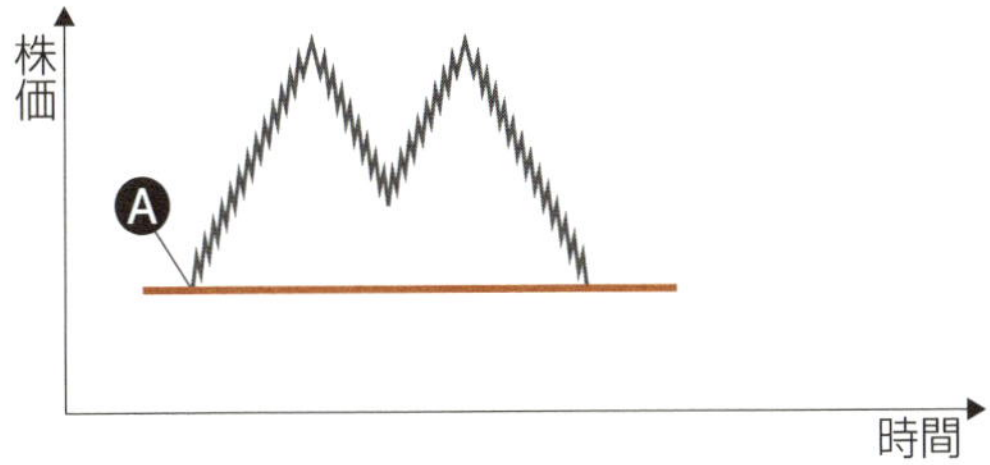

直近の下値のⒶから平行にサポートラインを引く

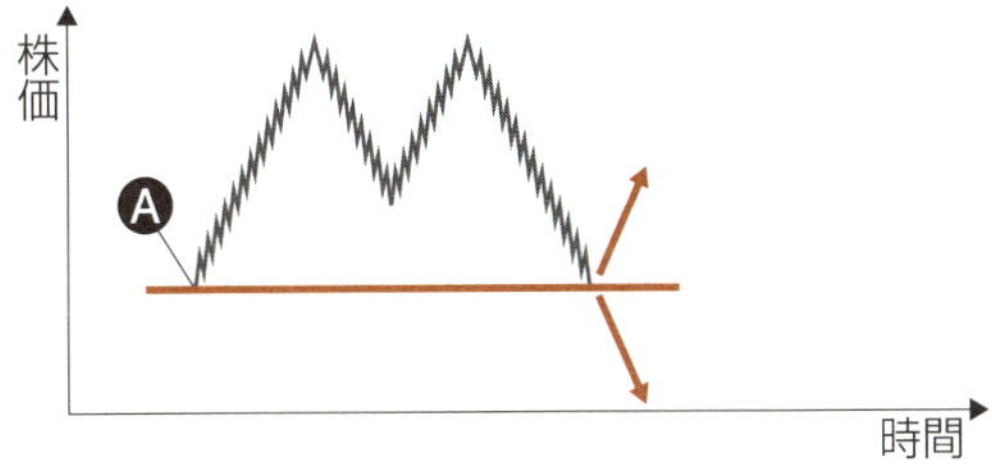

- サポートラインを下回れば、株価は下降
- サポートラインを下回らなければ株価は上昇

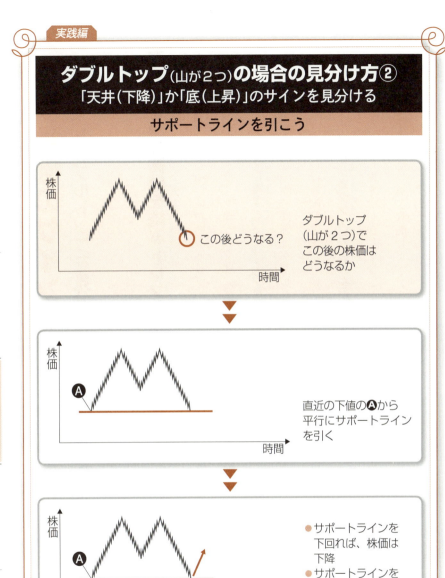

中・上級編

株価のサインを見破る法——中級編③

トリプルトップを見分ければ、暴落、暴騰のサインがわかる！①

直近の2つの高値を結ぶトレンドラインを引く

次は、株価の3つの山、いわゆるトリプルプルトップを見分けて、株価の暴落、暴騰のサインを見破る方法を解説しましょう。原理としては、ダブルトップの見分け方と変わりはありませんが、念のため、トレンドラインを引く位置などを確認する意味でも、繰り返し、同じような内容ですが説明しておきます。

まず左図上のような局面。株価はダブルトップをつくった後、上昇しています。ここで、株価はさらに上昇するか、あるいは反転して下がり始めるのか。その判断をするには、**前の2つのトップをつないだトレンドライン（レジスタンスライン）を引きます**。このトレンドラインを越せば、株価はさらに上昇、暴騰のサインとみなします。しかしトレンドラインを越さずに下がり始めたなら、これは暴落のサイン。株価はさらに下がり続けると判断します。これが、たった1本のトレンドラインを引くことで、株価の暴落、暴騰のサインを見破る極意、方法なのです。

実践編

トリプルトップの場合の見分け方（天井(山)が3つあるパターン）①

トレンドラインを引こう

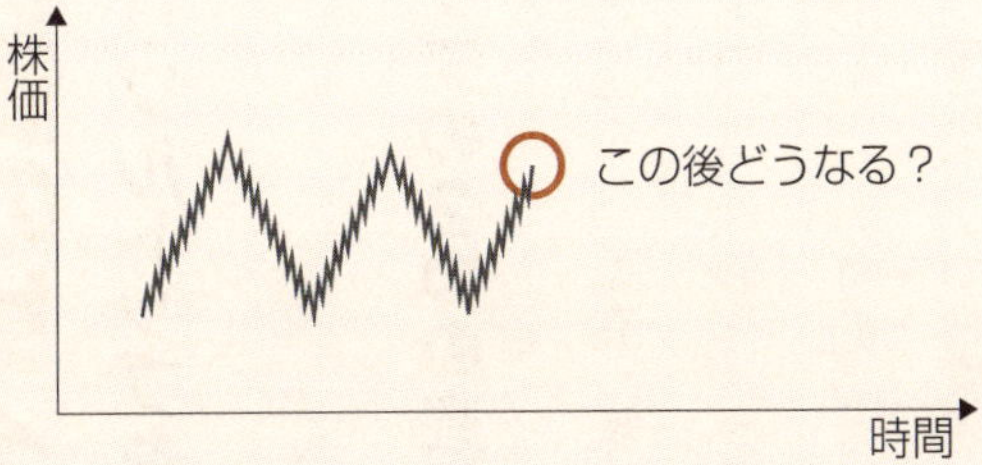

トリプルトップ（3つの山）の天井か？あるいはさらに上昇するか？

▼
▼

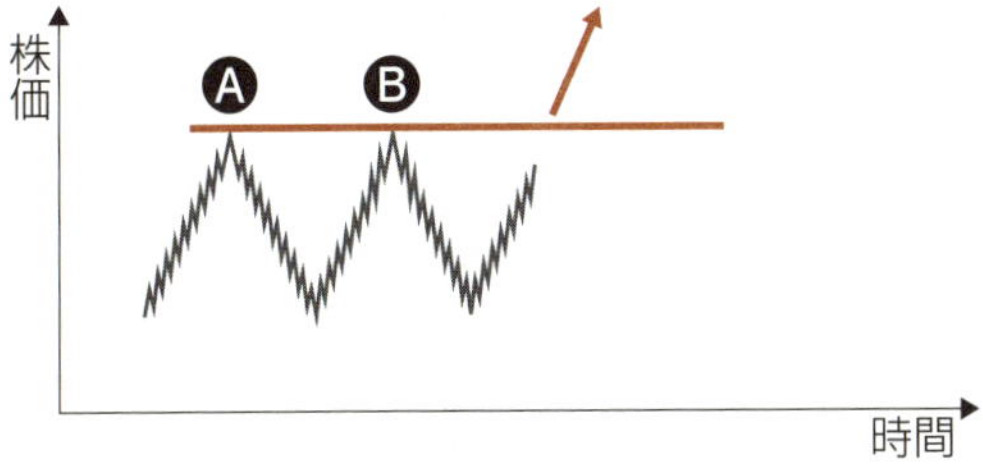

直近の**A**、**B**の高値を繋ぐラインを引き、そのラインを越せば、天井ではなく、さらに株価は上昇

▼
▼

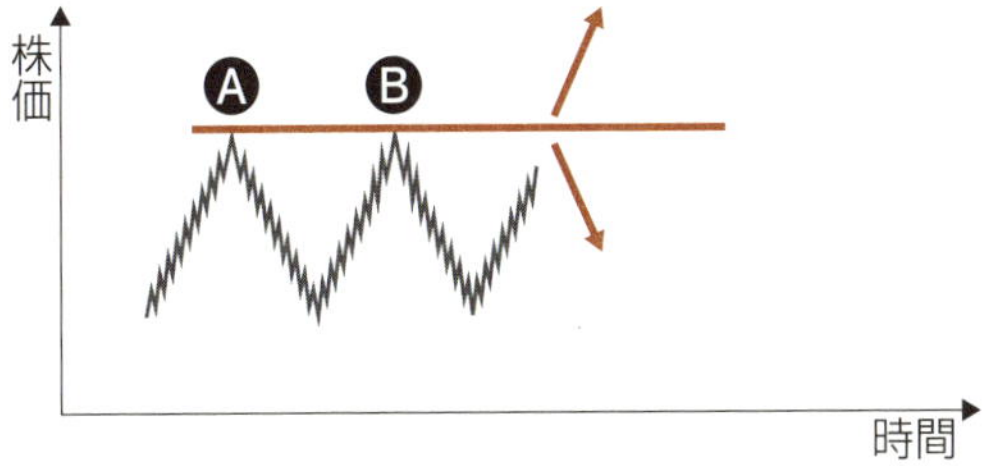

直近**A**、**B**を繋ぐ高値のトレンドラインを越さなければ天井を打って株価は下降する。上回れば、上昇相場へ。

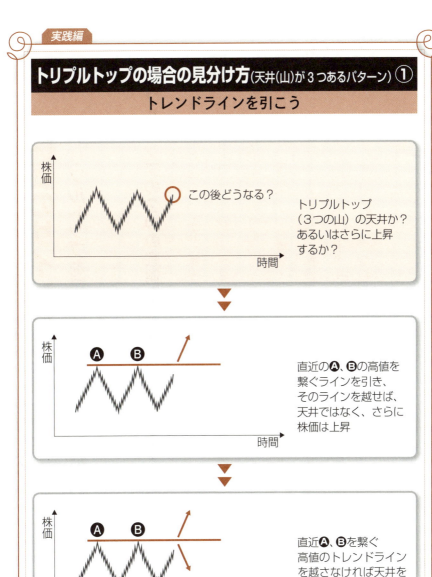

中・上級編

株価のサインを見破る法――中級編④
トリプルトップを見分ければ、暴落、暴騰のサインがわかる②

トリプルトップの2つの底値を結ぶトレンドラインを引く

次も、トリプルトップで、暴落、暴騰のサインを見破る方法ですが、底値にトレンドラインを引くパターンです。左図上では、株価は3つ目の山（トリプルトップ）を形成。この後、さらに下がり続けるのか、あるいは反発して上がり始めるか、判断の迷うところです。そこでトレンドラインを引きます。左図中央のように、**直近の2つの底値であるⒶとⒷを結んで、トレンドライン（サポートライン）を平行に、横に引きます**。こうすれば、株価が**このトレンドラインを下回り、さらに下降するならば暴落サイン**とみなします。逆に、**トレンドラインを下回らず、上がり始めれば、この後はさらに上昇、暴騰のサイン**とみなすことができます。このようにトリプルトップの場合は、直近の2つの高値をむすぶレジスタンスライン（111ページ）、直近の2つの底値を結ぶサポートライン（左図）という、2種類のトレンドラインを引くことで、暴落、暴騰のサインを見破ることができるのです。

実践編

トリプルトップの場合の見分け方（天井(山)が3つあるパターン）②

サポートラインを引こう

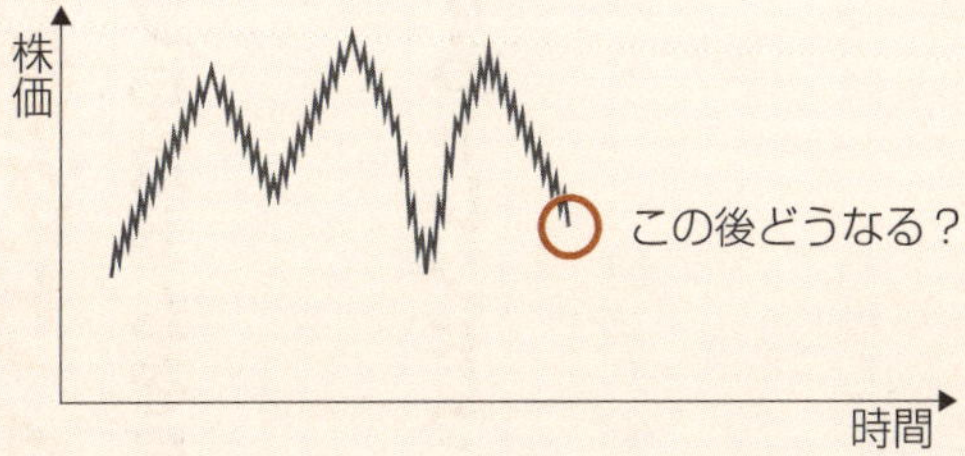

底か？
あるいはさらに
下降するか？

▼▼

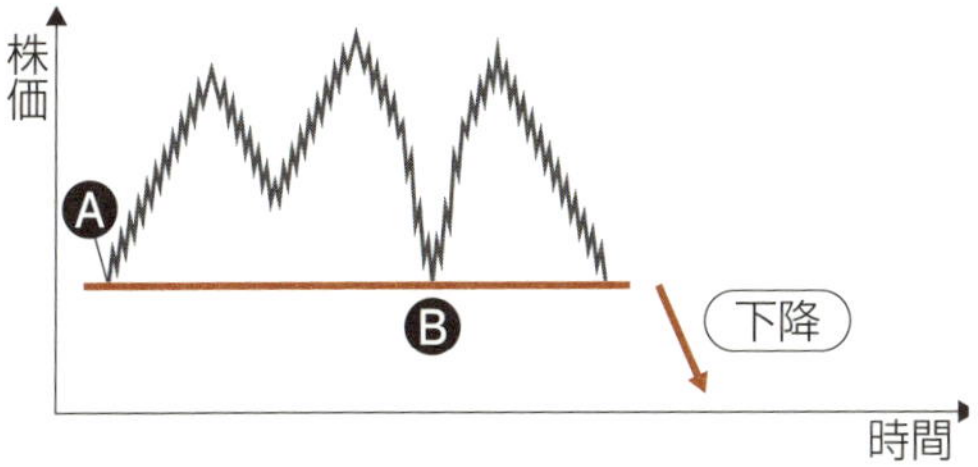

直近のA、Bの安値を
繋ぐラインを引き
そのラインを下回れば
株価はさらに下降する

▼▼

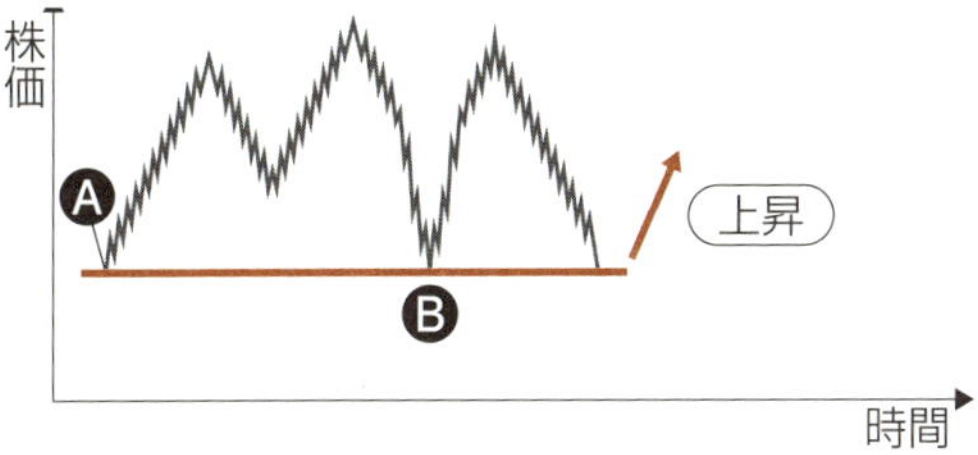

直近A、Bを繋ぐ
安値のトレンドライン
を上回れば上昇へ

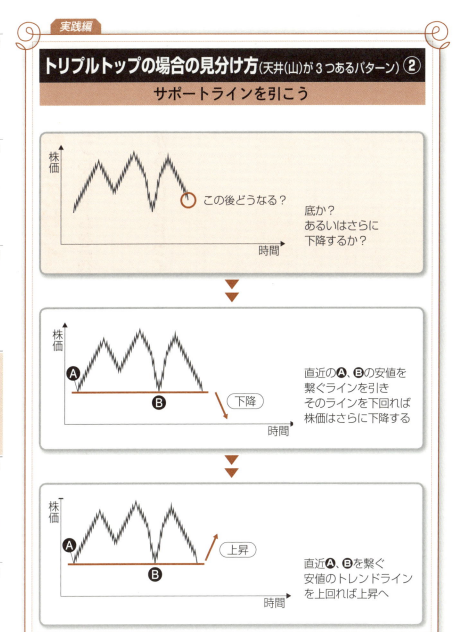

中・上級編

株価のサインを見破る法――中級編⑤

ダブルボトムを見分ければ、暴落、暴騰のサインがわかる！

直近の底値からトレンドラインを引く

ここでは、ダブルトップの逆パターン、ダブルボトム（2つの底）で、株価の暴騰を見破る方法を説明しましょう。

左図上は、株価が下降し、この後も下がり続けるのか、それとも新しい局面を迎えて上昇に転じるかの、分岐点をあらわします。その判断のために、左図中央のように、直近の底値であるⒶから、平行にトレンドライン（サポートライン）を引きます。株価がこのトレンドラインを下回っていけば、株価はさらに下降。暴落のサインと判断できます。逆に、トレンドラインを下回ることなく、上がり始めれば、この株価はダブルボトムの形。株価は上昇のシグナルであり、暴騰のサインとみなすことができます。こうしたトレンドラインは、慣れてくると、実際は引かなくても、頭の中で引いて、暴落、暴騰のサインを判断できるようになります。

実践編

ダブルボトムの見分け方
ダブルボトムならばこの後株価は上昇する

トレンドラインを引こう

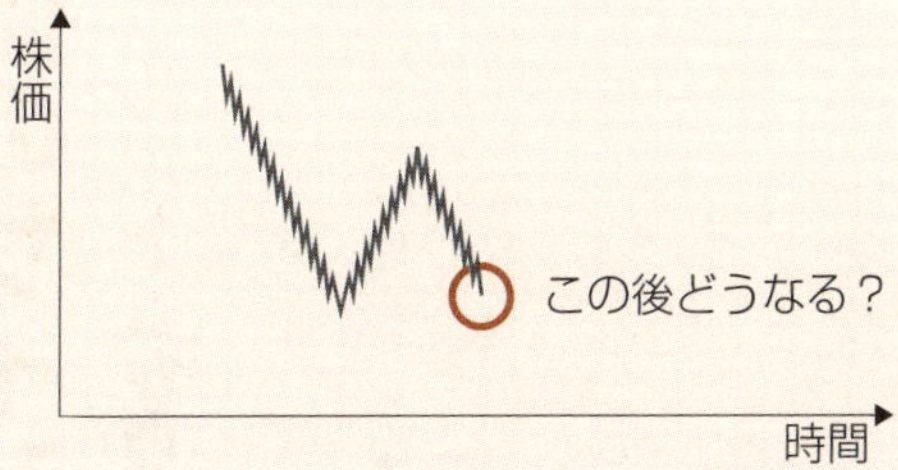

底か？
さらに下降するか？

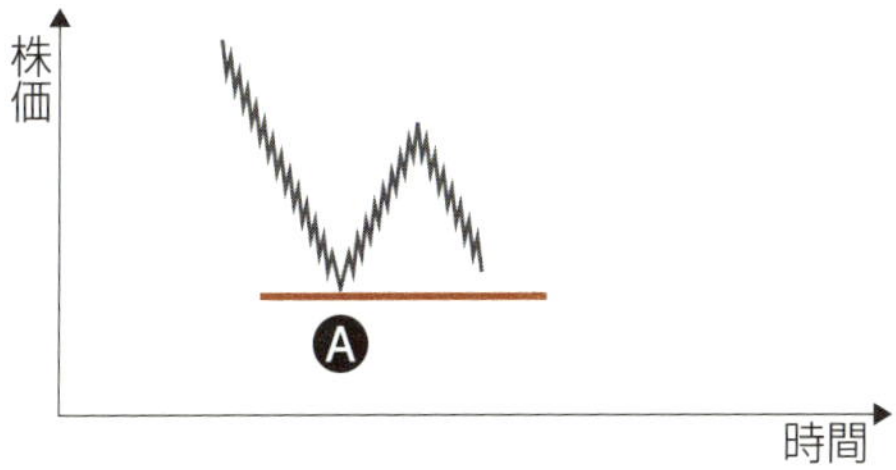

直近の底値Aから
トレンドラインを引く。

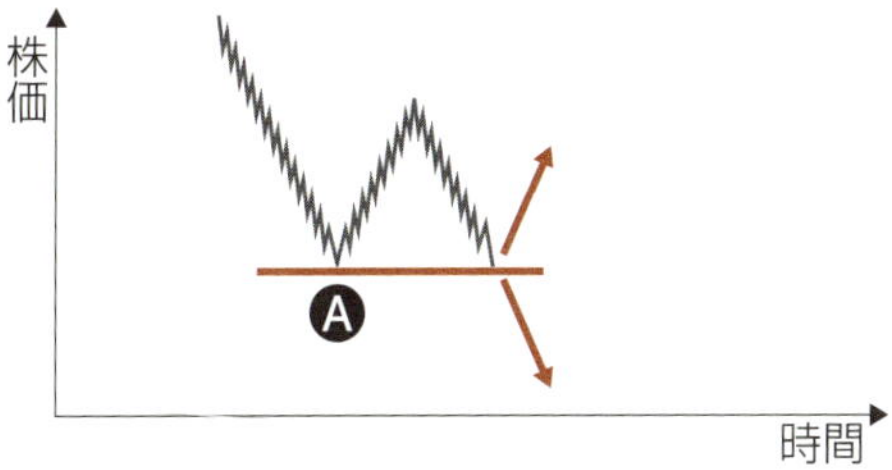

このトレンドラインを突破して下回れば、ダブルボトムではなく、株価はさらに下降する。トレンドラインを越えずに上がり始めたら、ダブルボトムとなり、株価は上昇へ動く。

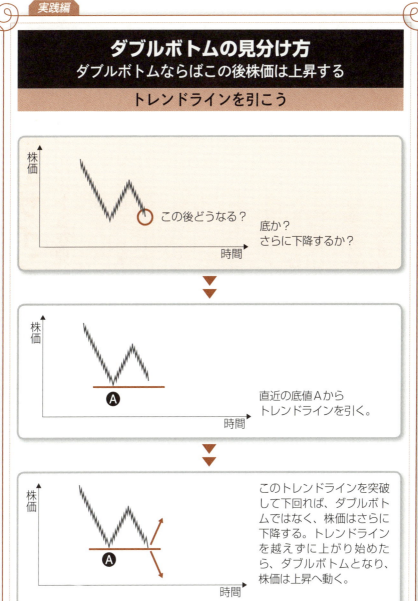

中・上級編

株価のサインを見破る法——中級編⑥

トリプルボトムを見分ければ、暴落、暴騰のサインがわかる！

次は、トリプルボトムを見分けて、暴騰のサインを見破る方法です。

理論は、前ページのダブルボトムの場合と同じです。

左図上のような局面の場合、株価がこの後も下がり続けるのか、あるいは反発して上昇に転じるのか、判断に迷います。

そこで、左図中のように、直近の2つの底値であるⒶ、Ⓑからトレンドライン（サポートライン）を引きます。

この後、株価がトレンドラインを下回れば、さらに下降する傾向であり、暴落のサインと見なします。

反対に、トレンドラインを下回ることなく、反転して上昇し始めたならば、この株価はトリプルボトム。今後は上昇のトレンドであり、暴騰のサインだと見なすことができます（左図下）。

以上、あくまでトレンドラインで見極める暴騰暴落のサインの見方の基本です。必ずそうなるというわけではありませんが、実践では確率が高いものです。ぜひ読者の皆さんも試してみてください。

トリプルボトムの見分け方

トレンドラインを引こう

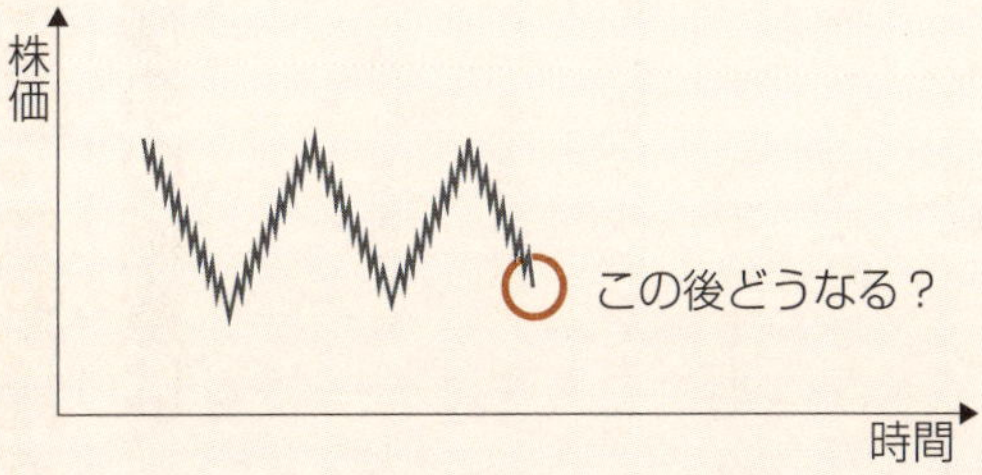

底か？
さらに上昇するか？

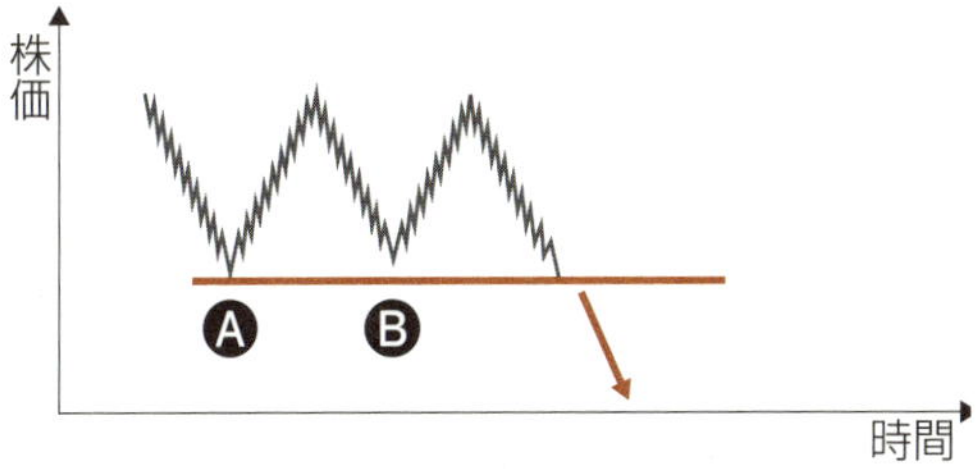

直近の❹、❺の底値を繋ぐラインを引き、そのラインを越せば、底ではなく、さらに株価は下降

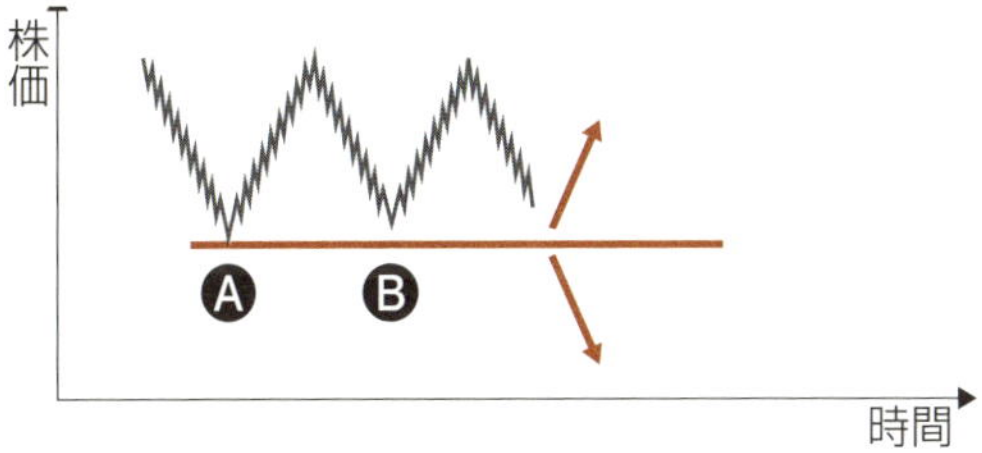

直近❹、❺を繋ぐ底値のトレンドラインを越さなければ、底を打って株価は上昇する。下回れば、暴落相場へ。

中・上級編

暴騰・暴落の見極めはプロでも難しい

見極めの極意は、酒田五法に学ぶ

株価のサインを見破る法則について、その基本を解説してきました。しかし株価は生き物です。法則通りに株価が動くこともあれば、そうでない時もあります。

では、例えば今の株価が天井であると見極めるには、どうしたらいいか。それがわかれば、直後に起こる暴落を回避することができます。見極めるには、過去のデータなどから暴落を告げるサイン、暴落の前兆となる社会事象を読み取る方法が、一番オーソドックスです。ただし、暴落、暴騰を見極めて、事前にリスクを察知し、回避し、あるいはチャンスを察知し攻めるのは、株の投資の最も難しいところ。経験も必須です。

初心者にとっても、上級者にとっても一番難しいところ。いかにして天底《てんてい》（天井、または底）のサインを察知するか。毎日、新聞やテレビでニュースを収集し、分析しているだけではわかりません。

「日経平均が昨日は２００円高、今日は１００円安だ」

ということを知っても、それが天井なのか、あるいは底なのかはわかりません。経済学者にもわからない。ファンダメンタルズを見てもわかりません。

では、どうするか。

それにはチャートを使った3つの方法がありますが（128～134ページ）、その根本にあるのは酒田五法です。まずは酒田五法から生まれたローソク足について解説し、その後で酒田五法を使った3つの方法について解説していくことにします。

株価は刻一刻と変わりますので、ある一定の期間、どのように動いたか、高値はいくらだったか、安値はいくらだったか、決めないと投資の判断に使えません。

そこで考えられたのが、**酒田五法のローソク足《あし》**です。おもにデイトレード※を行なう場合などに必須の知識と言えますが、本書ではデイトレードは推奨していませんので、プロの知識として参考までに学んでおきましょう。


ここでは、例としてある1日の、Aという会社の株価の動きを見るとしましょう。

ローソク足とは、その1日のAの最も高かった高値と最も安かった安値をあらわし、また、その日相場が始まった時のAの始値《はじめね》と、相場が終わった時の終値《おわりね》もあらわしています。

次ページから図で解説していますので、確認してください。

※ **デイトレード**：1日単位で売買する取引方法。個人投資家はFX（外国為替証拠金取引）をデイトレードすることが多い。

実践編

ローソク足とは

株価の動きは、ローソク足の集まりである

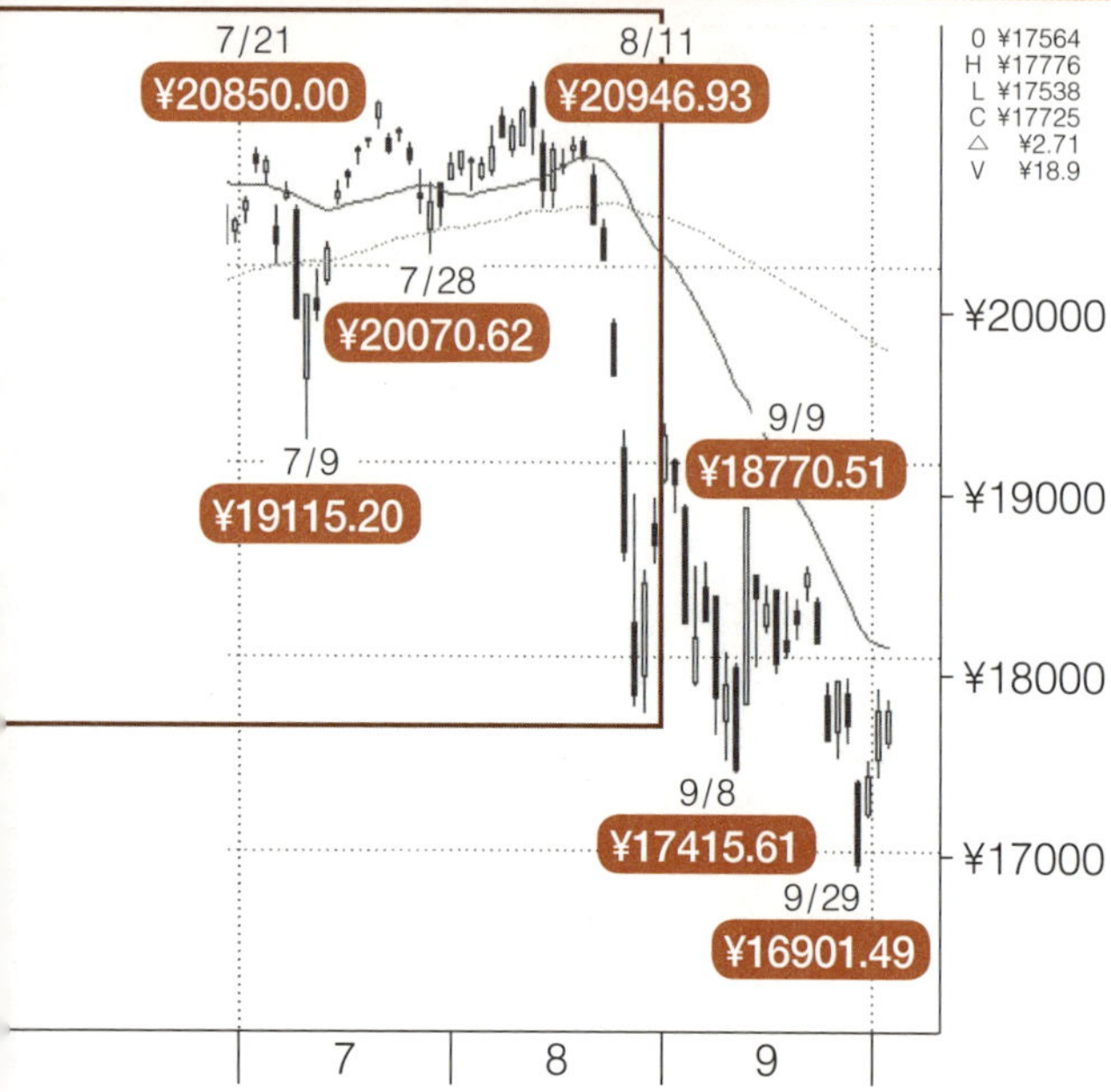

- 株価のチャートは、ローソク足の集まったものである。ローソク足とは、ある一定の期間の株価の始値、終値、最高値、最安値をあらわすもの。火をともす蝋燭《ろうそく》に似ていることから、名づけられた。たとえば、1日の株価の始値、終値、最高値、最安値をあらわすローソク足を**日足**《ひあし》と言う。このチャートは、日足のチャートであり、ある部分を拡大してみれば、ローソク足の集まりであることがわかる（左下の図）。1週間の株価の動きをあらわすものは**週足**《しゅうあし》、1か月は**月足**《つきあし》と呼ぶ。

ローソク足とは、1日の株価の動きをあらわしたもの(日足《ひあし》の場合)

チャートを拡大すると、ローソク足がわかる

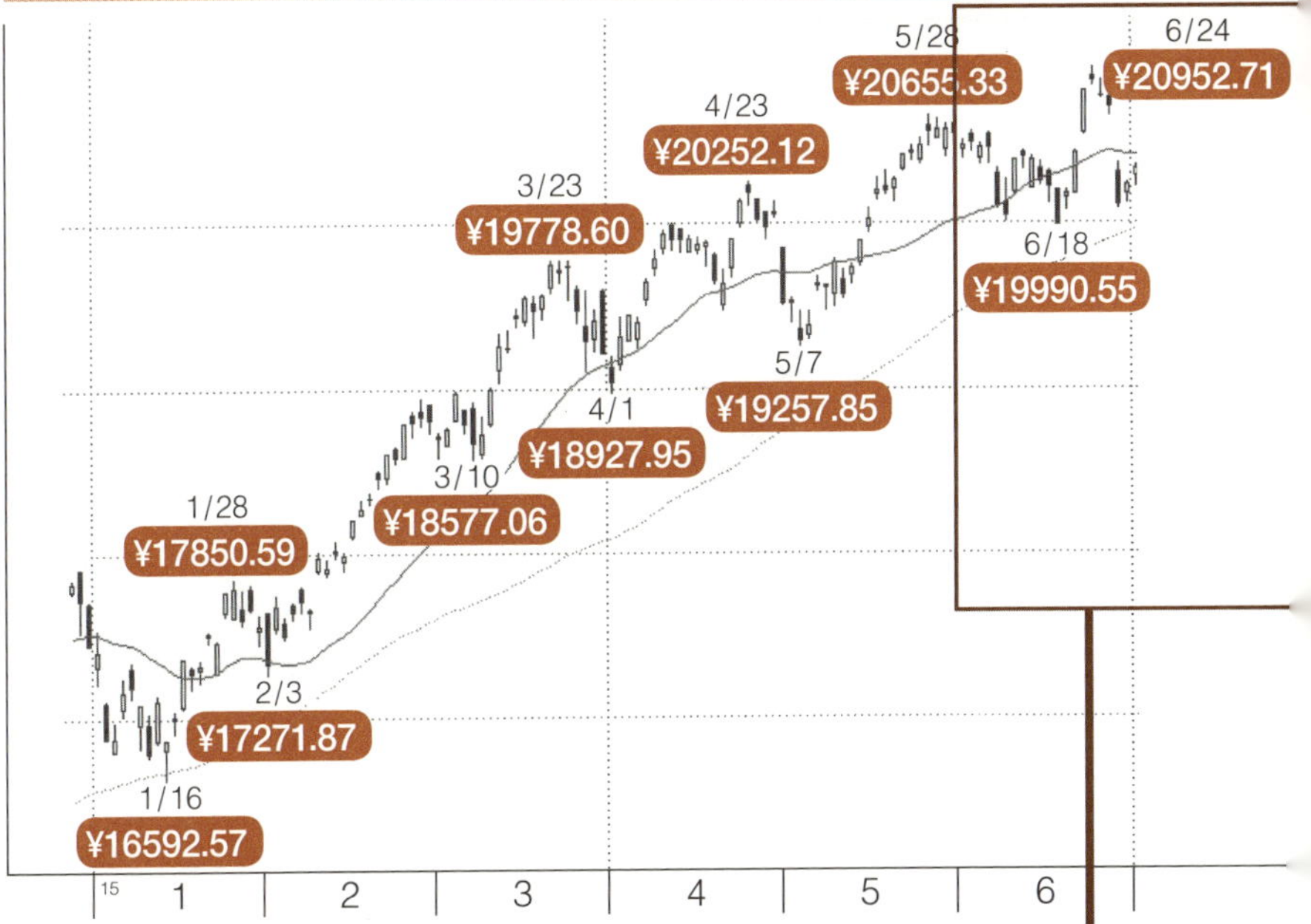

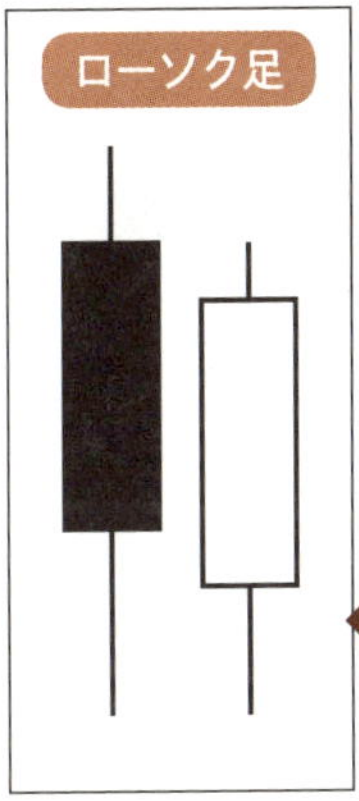

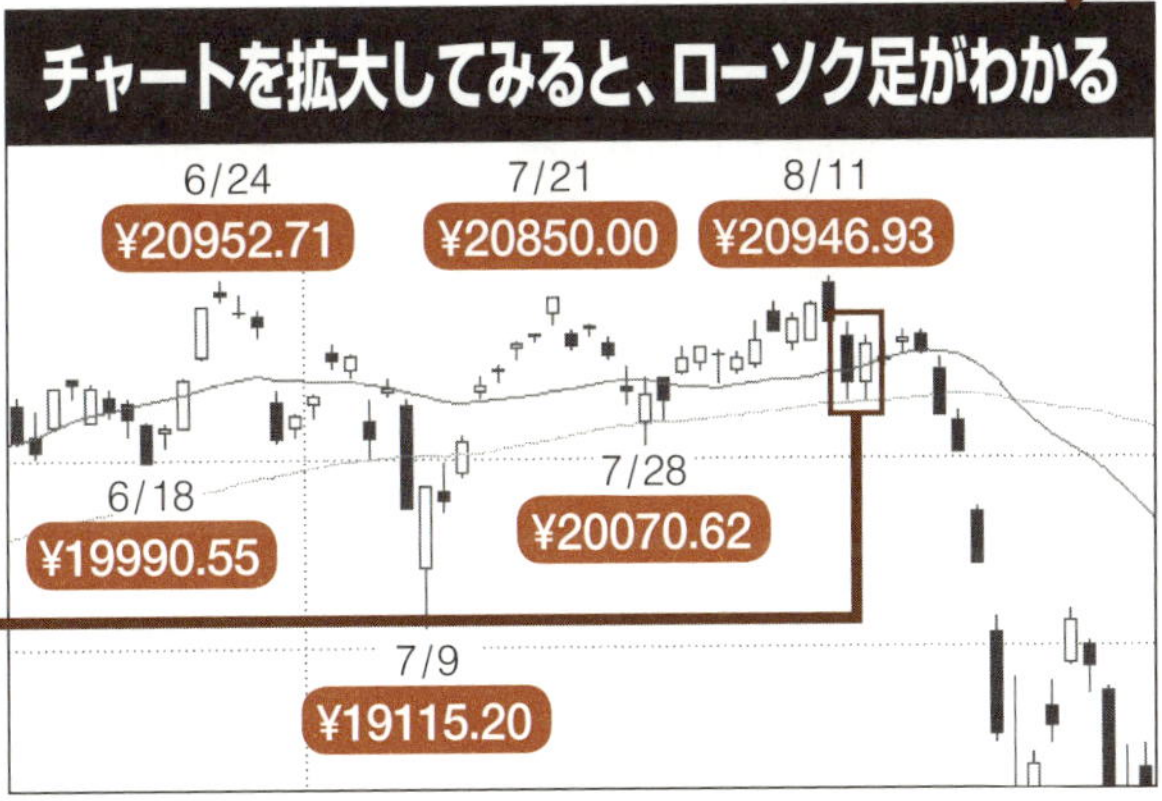

「ローソク足」を学ぶ ❶

「ローソク足」には2種類ある(日足の場合)

典型的な例

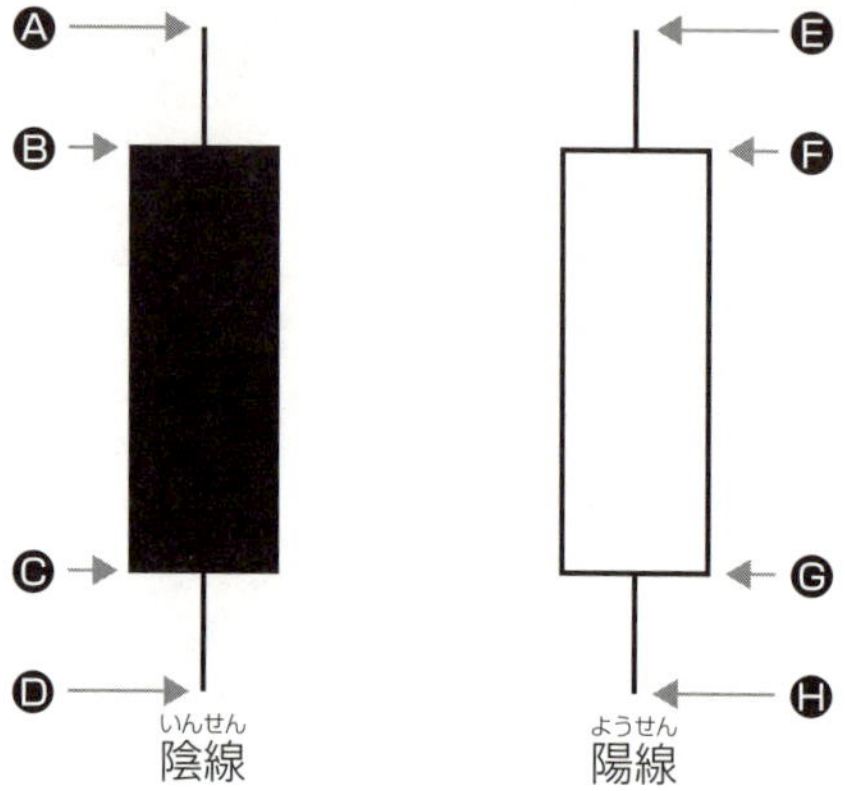

- ローソク足には、陽線、陰線の2種類がある。
- 陽線とは、その日の株価が、終値が始値より上がったことをあらわし、ローソク足も白い色のローソク足になる。
- ローソク足の上下は、株価の高値・安値をあらわすので、Ⓔは、その日の最高値をあらわす。Ⓕは市場が閉まった時点での、最終的な終値をあらわし、Ⓖはその日市場が開いた時点の、始値をあらわす。ⒼよりもⒻが高いので、この日は株価が上がったとわかるように、ローソク足は白い。Ⓗは、その日の最安値をあらわす。
- 株価は常に変化するため、最高値、最安値と、値幅に差ができる。
- 陰線は、陽線の逆であり、その日の株価が最終的には下がったことをあらわしている。
- 陰線のⒶはその日の最高値、始値はⒷで、終値がⒸ。ⒷよりもⒸが下にあるので、株価が下がった意味で、ローソク足は黒い色になっている。Ⓓはその日の最安値をあらわす。

「ローソク足」を学ぶ❷

パターン 1

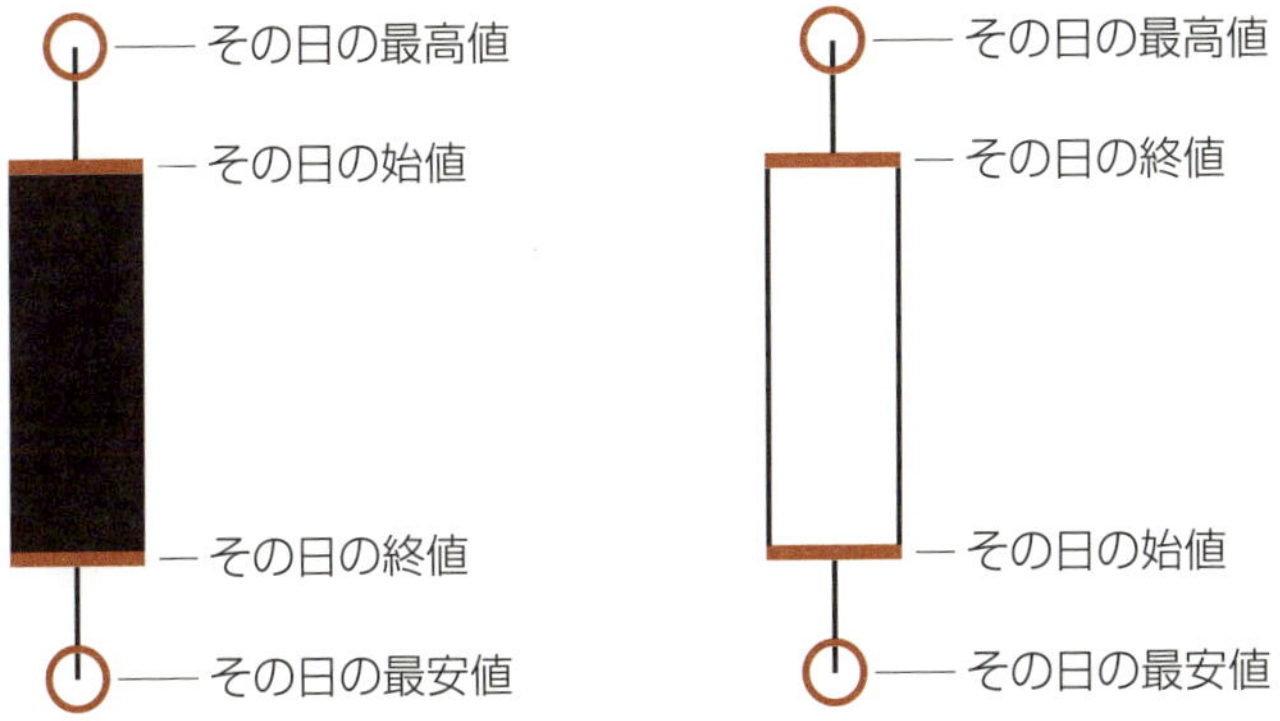

パターン 2

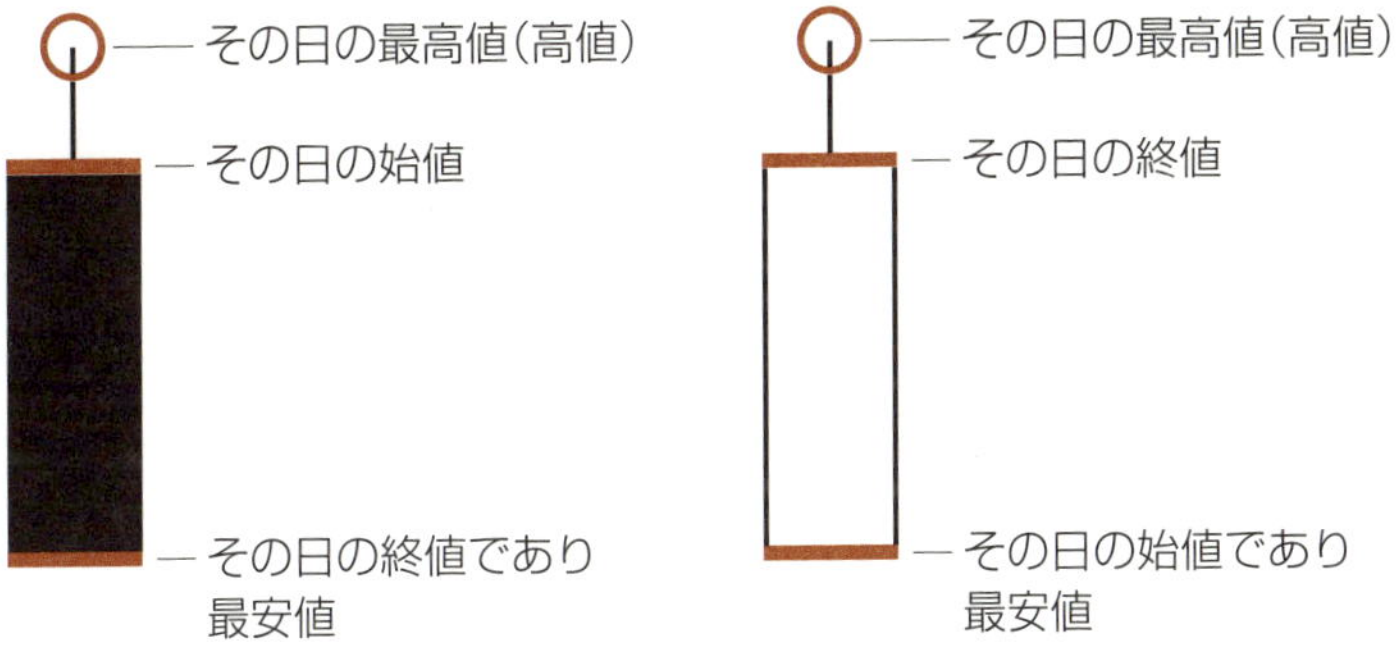

「ローソク足」を学ぶ❸

パターン 3

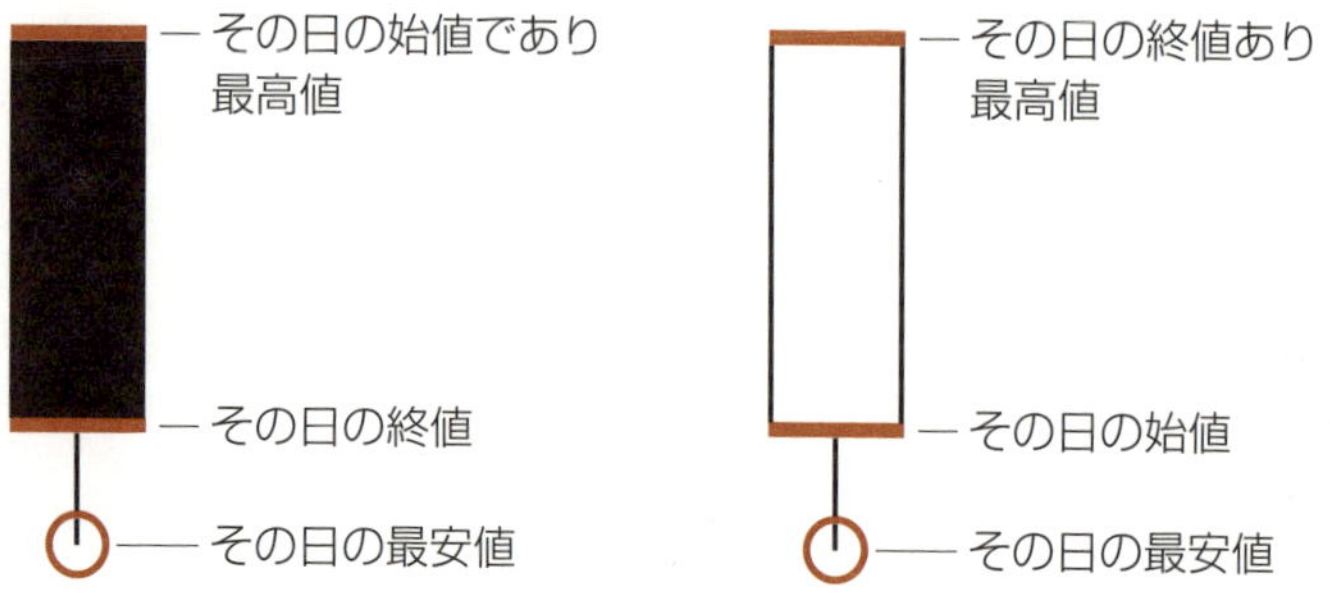

パターン 4

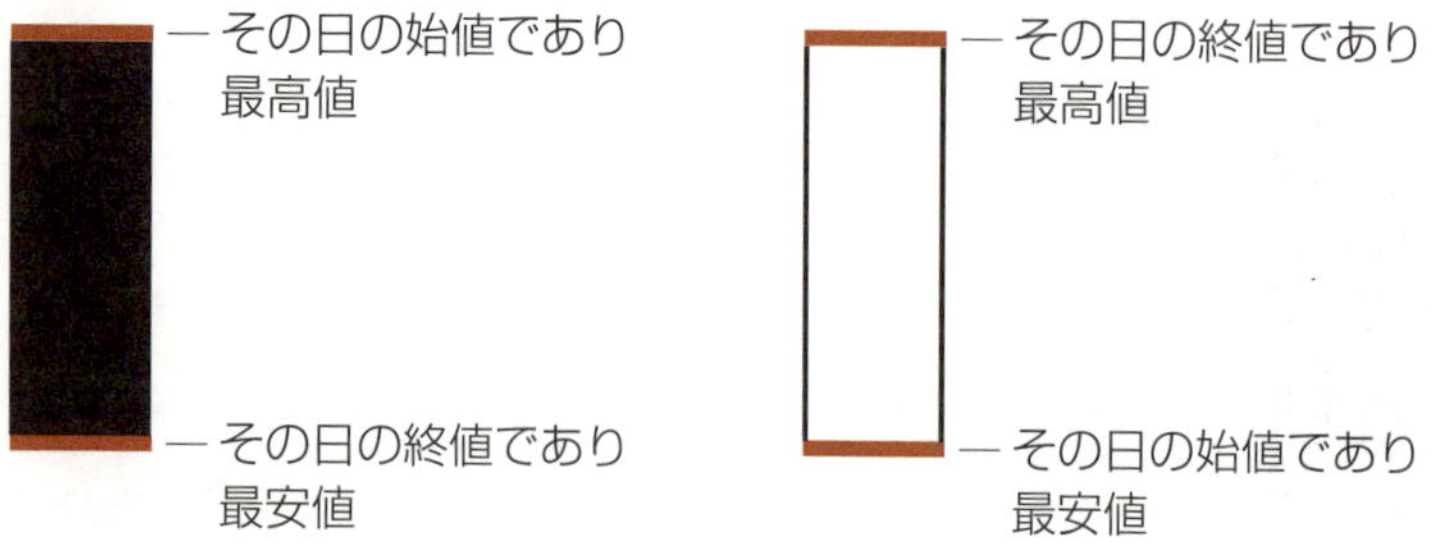

中・上級編

酒田五法とは

ローソク足で株価を分析する究極の法則

ある期間の株価の4つの値を1つの形にまとめたローソク足

ここでは酒田五法とは何か、解説します。

江戸時代、山形県酒田市出身の相場師、本間宗久《ほんまそうきゅう》が編み出した株価の動きを予想、分析する方法です。本間宗久は、ある株価が1日のはじめについた値を始値《はじめね》、最後についた値を終値《おわりね》、その日最も高かった値を最高値《たかね》、最も安かった値を最安値《やすね》として、4つの値を1本の棒のような形にしてあらわしました。

これがローソクに似ていることから、ローソク足と呼ばれています。そして1日1日の株価をローソク足にしてあらわし、チャートにして、株価のその後を予想、分析する方法を考案しました。

分析方法は、「酒田五法」というように、5つの手法が中心的理論になっています。

まずは次ページでその特徴を解説してありますので、見てください。

酒田五法の5つの「法」

「三山」「三川」「三空」「三兵」「三法」の基本

三川《さんせん》

三山の逆であり、3つの底をつくった後は、上昇すると見る。

三山《さんざん》

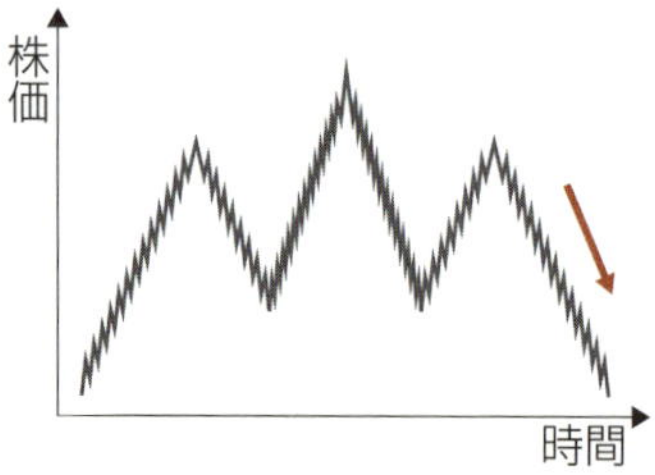

3つの天井をつくった後は下落すると見る。

三空《さんくう》

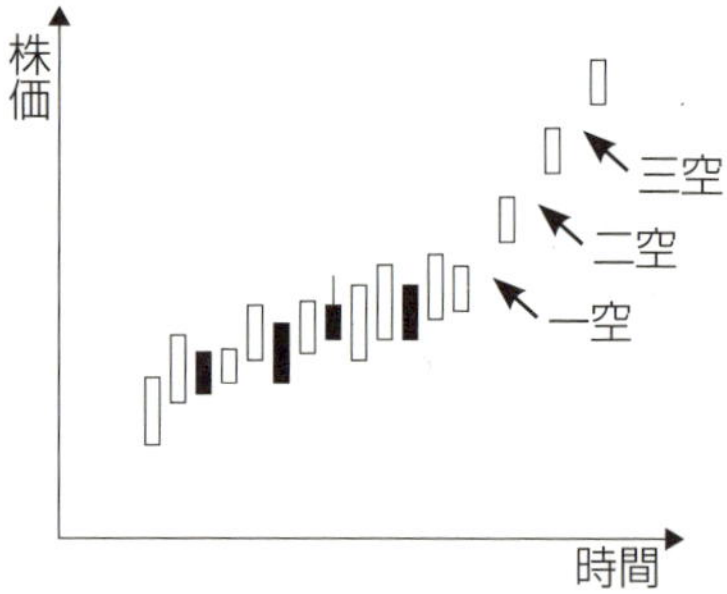

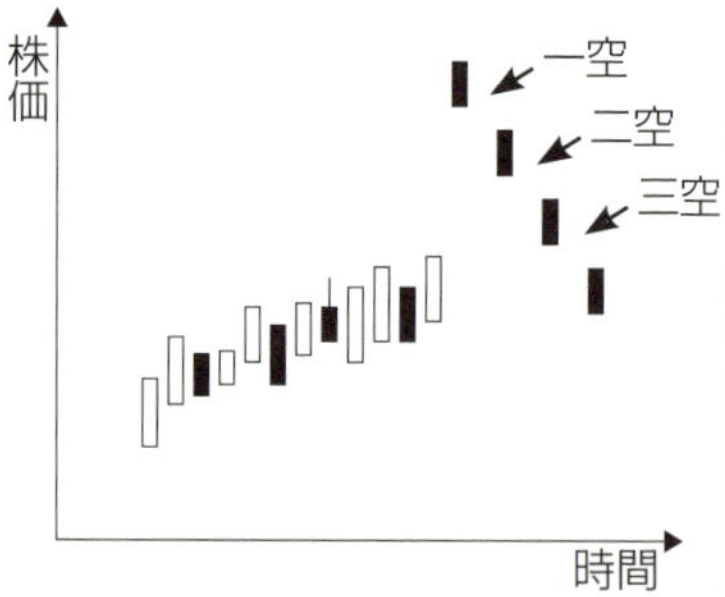

株価が3回も空(マド)をつくって上昇した場合、その後は下落すると見る。また、反対に、3回も空をつくって下落した場合は、その後上昇すると見る。上昇している時の三空は**三空踏み上げ**、下落している時の三空は**三空叩き込み**という。

三兵《さんぺい》

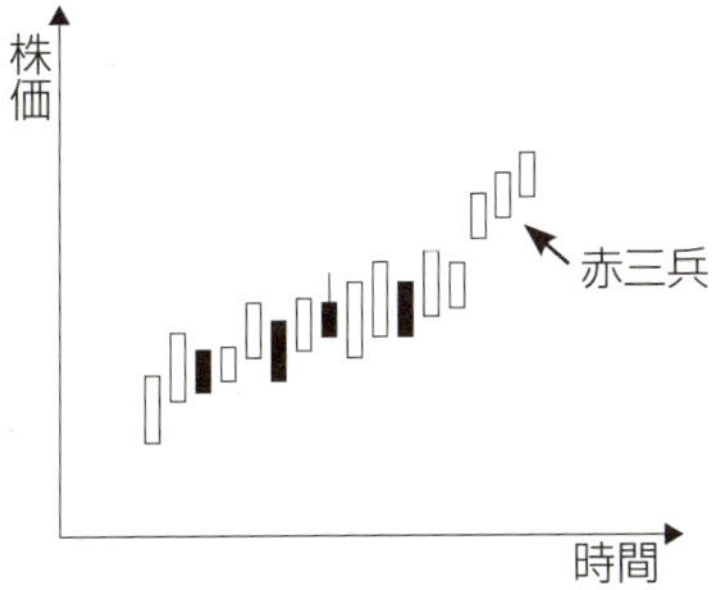

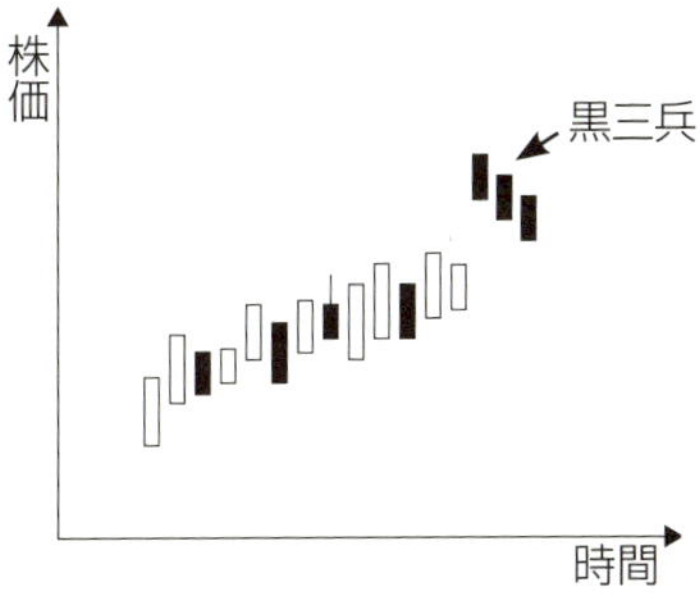

ある期間連続で上昇したり、下降したりする株価のパターン。ある期間連続の上昇は**赤三兵**、３日連続の下落するパターンの場合は**黒三兵**と言う。**赤三兵**は、その後、さらに株価は上昇すると見る。逆に黒三兵は、その後、下落すると見る。

三法《さんぽう》

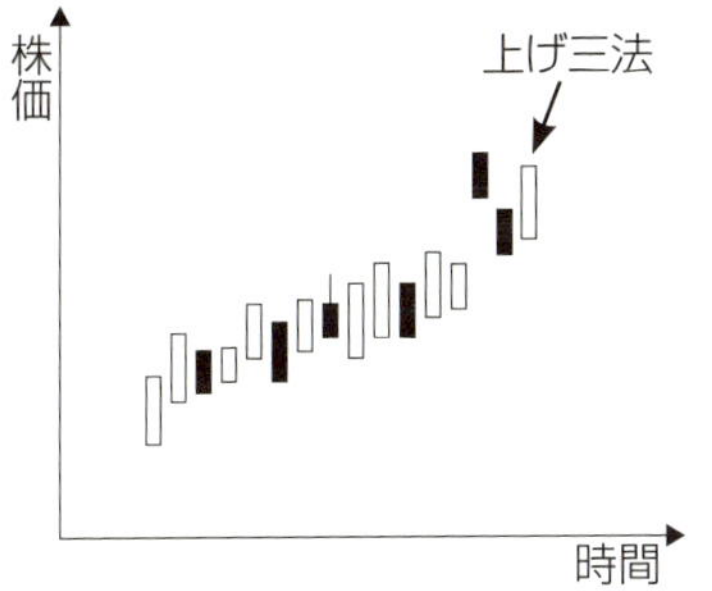

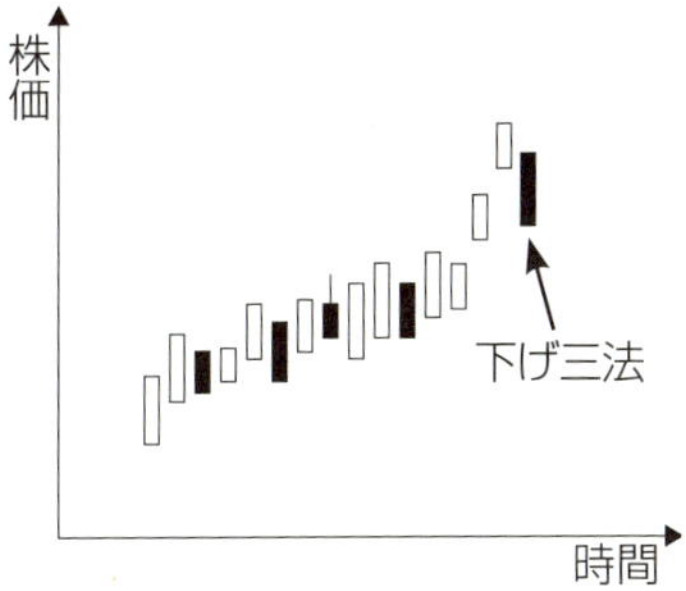

１週間ぐらいの短い間に株価が売りと買いの間で拮抗、陽線（白のローソク足）と陰線（黒のローソク足）を交互に繰り返し、上昇か下落か定まらない状況を言う。その後、上昇するのを**上げ三法**、下落するのを**下げ三法**という。

中・上級編

株価のサインを見破る法―上級編①

三山、三川を見る

それでは見極めの極意である3つの方法について、具体的に紹介しましょう。

そのために活用するのが**酒田五法**で、まず、第1は、**三山**、**三川**を見ること。

三山とは、前の章で解説したトリプルトップ（3つの山がある）のチャート。

三川とは、同じく前の章で解説したトリプルボトム（3つの谷がある）のチャートです。

三山、三川の基本形を知っていれば、天井、底のサインを察知しやすくなります。

三山型は天井型、株価の天井をあらわすので、暴落を察知できる型です。

三川型は底入れ型。株価の底入れで、いよいよ反発して上がる、暴騰の前触れを知ることができる型です。

このどちらのケースも、トレンドラインの上値抵抗線、または下値支持線を引くと、わかります。

ちなみに上値抵抗線は、英語ではレジスタンスライン(Rsesistance Line)といい、下値支持線はサポー

「天井」（暴落のサイン）、「底」（暴騰のサイン）の見極め方

トレンドラインを引いて、３つのポイントを見る

見極め方ステップ 2

1 「天底（天井、または底）」をあらわす「三山」「三川」があるかどうか

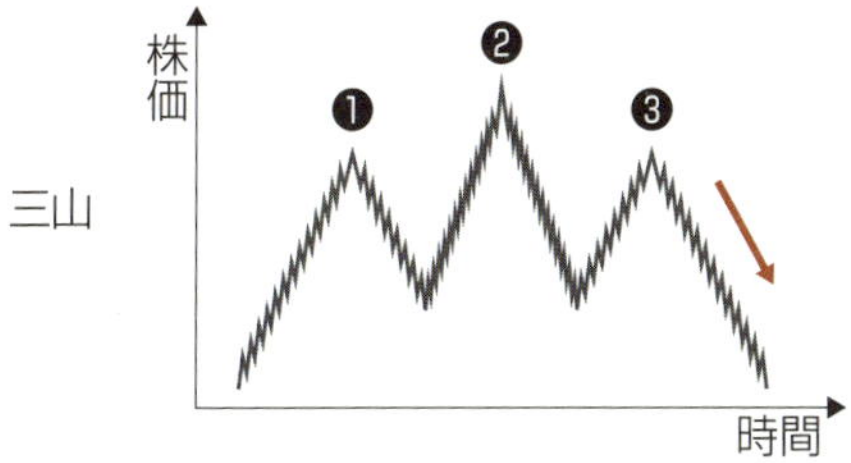

三山とは３つの山ができた形で、３つの天井をつくった形。この後は暴落する場合が多い

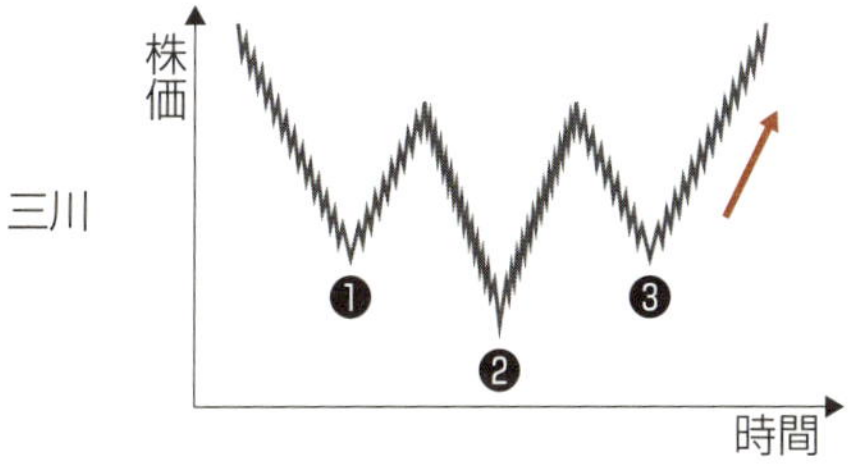

三川は、３つの谷（底）をつくった形で、この後は暴騰する場合が多い

トライン（Support Line）ともいいます。

株価が上値抵抗線どまりなら、暴落のサイン。突破してくれば暴騰のサインです。

また下値支持線でとどまれば、この後、相場が上がってくるサイン。下回れば、さらに下がる暴落サインだとわかります。

中・上級編

株価のサインを見破る法―上級編②
ローソク足で、株価の転換点を読む

暴落、暴騰のサインを読む2番目の方法は、**株価の転換点に出る形を読む**ことです。チャートには、株価の転換点をあらわすサインがあります。これを見逃がさないことです。そのサインとはいくつか種類はありますが、酒田五法による**寄引同事線**《よりひきどうじせん》を覚えておきましょう。

寄引同事線とは、その日の株価の**始値**《はじめね》**を寄せ**《よ》という、**終値**《おわりね》**を引け**《ひ》といい、寄せと引けが同じだった（同事）、つまり始値と終値が同じで、ローソク足としては横棒1本（—）になることです。その日の相場が1000円で始まって1000円で終わるような場合です。寄引同事線が出ると、**攻防の分岐点**。暴騰するか暴落するかの前ぶれ、サインと見なします。寄引同事線にはいくつかのタイプがありますが、代表的なものは「十字線」です。

寄引同事線《よりひきどうじせん》

名前	特徴
下十字	転換点だが、買いが弱い
上十字	転換点だが、買いが強い
四値同時（一本同時）	次の日、株価が上がっても下がっても大きな転換点
塔婆《とうば》	次の日、株価が上に出れば上げどまり、下に出れば下降への転換点
トンボ	次の日、株価が下に出れば下げどまり、上に出れば上昇への転換点
足長同事（寄せ線）	株価が大きく上げ下げして攻防したことをあらわします
十字線	株価転換点をあらわす典型的な形です

転換点をあらわすサインがあるか

転換点をあらわす寄引同時線

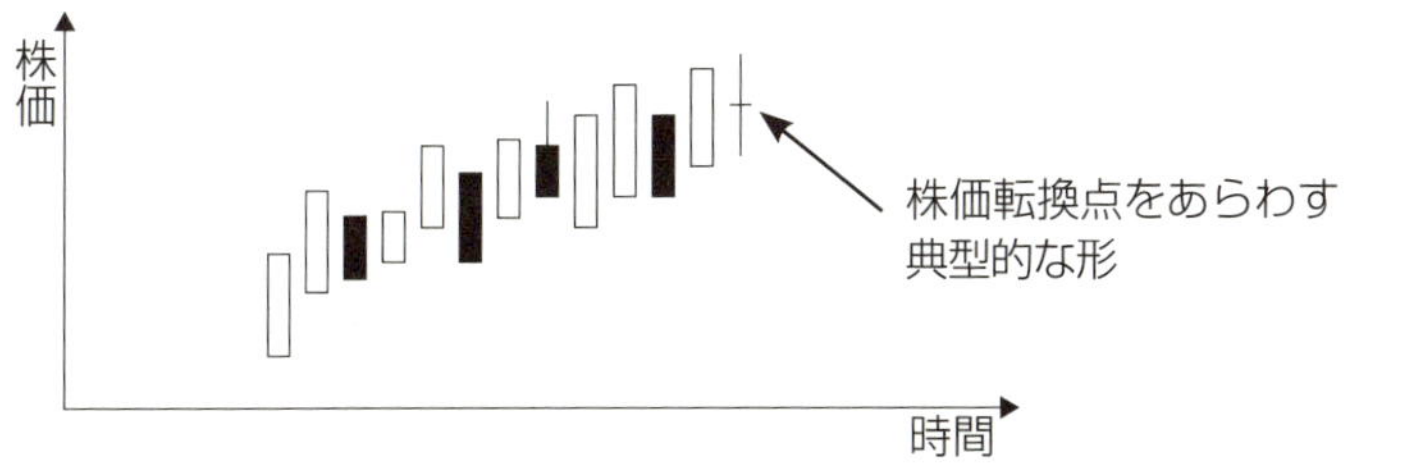
株価
時間
株価転換点をあらわす典型的な形

転換点をあらわす寄引同時線

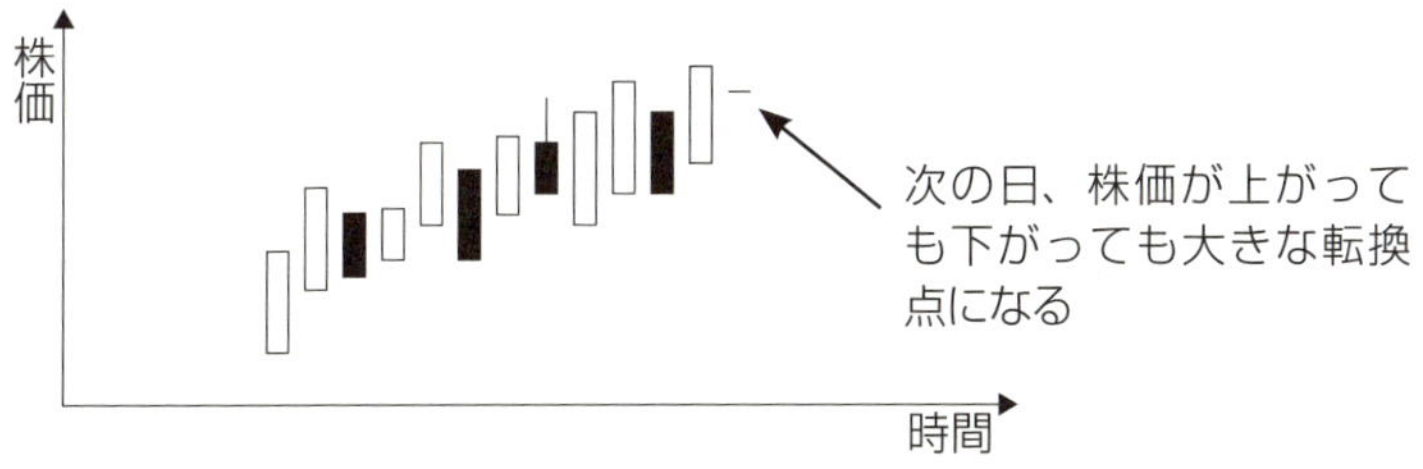
株価
時間
次の日、株価が上がっても下がっても大きな転換点になる

転換点をあらわす寄引同時線

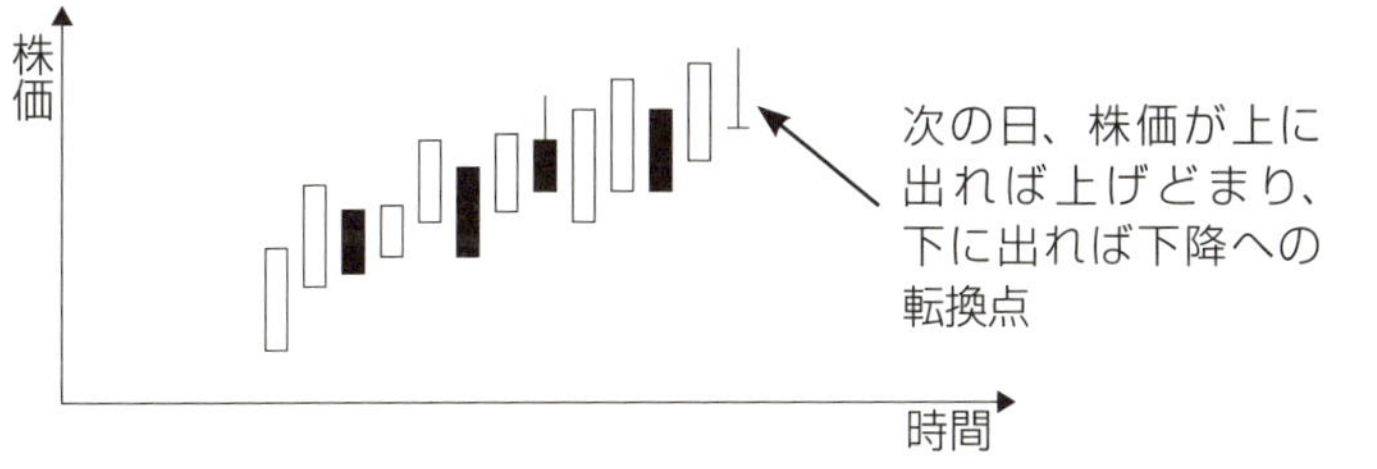
株価
時間
次の日、株価が上に出れば上げどまり、下に出れば下降への転換点

中・上級編

株価のサインを見破る法—上級編③

ローソク足で相場の勢いを読む

3番目の方法は、**相場の勢いを読む**ことです。

相場の勢いは、日々の株価の動きに出てきます。チャートにあらわれます。株価に勢いが出れば、上昇する。しかし勢いが過熱化すると、今度は一気に下がる。そのため天井近辺で加熱ぎみと察知できれば、売りです。こうして相場の勢いを読めれば、暴落、暴騰の前触れを察知して、投資に役立てることができます。

株価の勢いをあらわすサインは、代表的なものは、**三空《さんくう》**（酒田五法）があります。

三空とは、窓を開けた状態（空）が、連続して3回続くことを意味します。一度マドを開けるだけでも勢いがあるのに、3回マドを開けて、その過熱でぶっ飛んでいる状態。これはまさに「暴騰か暴落する」サインです。株価が下がっている状態で、マドを2つも3つも空けて下がっている時は、これはもう売られ過ぎているので、ドテン買い※のシグナル、「そろそろ反発して上がるぞ」というサインです。

特に、三空の中でも、**三空《さんくう》踏《ふ》み上《あ》げ**と**三空《さんくう》叩《たた》き込《こ》み**というパターンは、覚えておくと便利です。

※ **ドテン買い**：ドテン＝途中で転じてること。売りから一転して買いに入ること。

勢い（株価転換点）があるかどうか

三空踏み上げは暴落のサイン

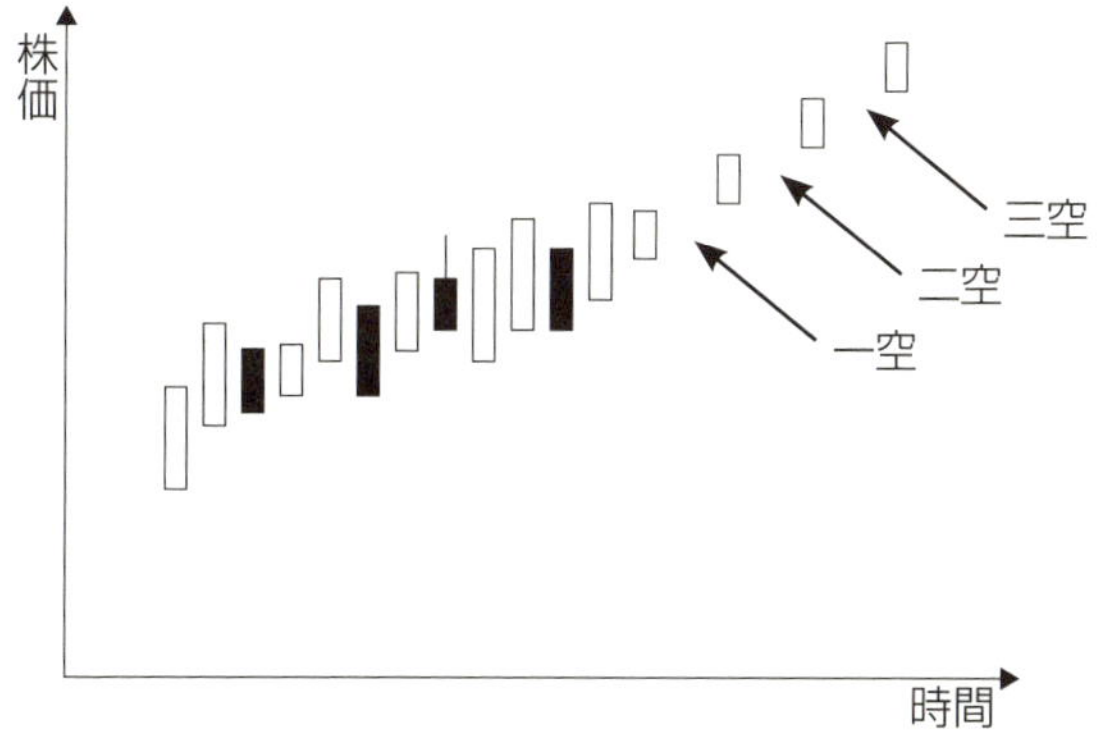

三空叩き込みは暴騰のサイン

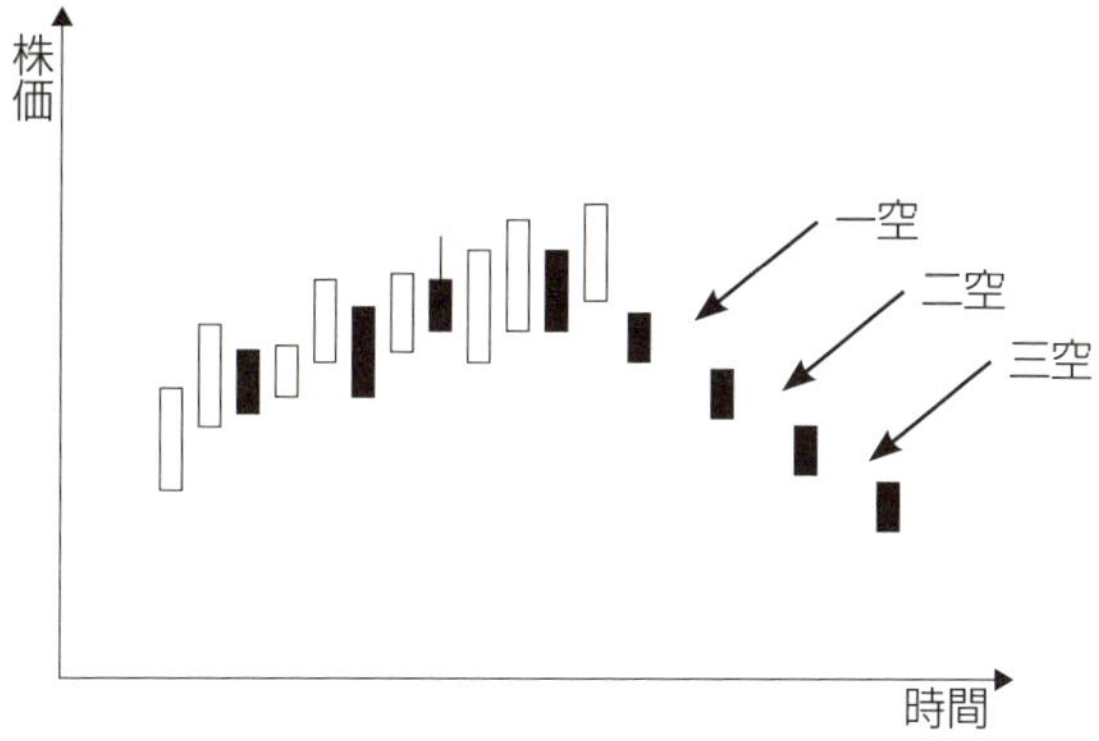

三空踏み上げとは、株価が白い陽線を４本見せ、その間に三空ができた状態。これは市場の過熱を意味しているので、**暴落のサイン**。買うべき人がみんな買ったと見る状況。だから上級者ならばここで空売りすると儲かります。

反対に**三空叩き込み**は、黒の陰線が４本続いて、その間に三空が連続した状態で、もう青ざめて誰かが売っている状況をあらわしています。もう投げるべき人はみな投げたので、今度は上がる。そのため、ここでは買いです。**暴騰のサイン**だからです。

売るべき人はみんな売ってしまったと見る。そのため空売りしていた上級者は、真っ青になって買い戻してくる場面です。

相場の勢いを読むには、物凄い上昇の勢い、あるいは物凄い下降の勢いをあらわす株価の動きにマド（空）ができるので、ぜひ注目してください。単純に考えれば、マドが上に向かって連続して空いた時は**売りのサイン**、下に向かって連続して空いた時は**買いのサイン**ということになります。

「相場の勢いを読む」もう1つ方法、「三兵」

次に、酒田五法の三兵《さんぺい》をご紹介しましょう。

三兵《さんぺい》

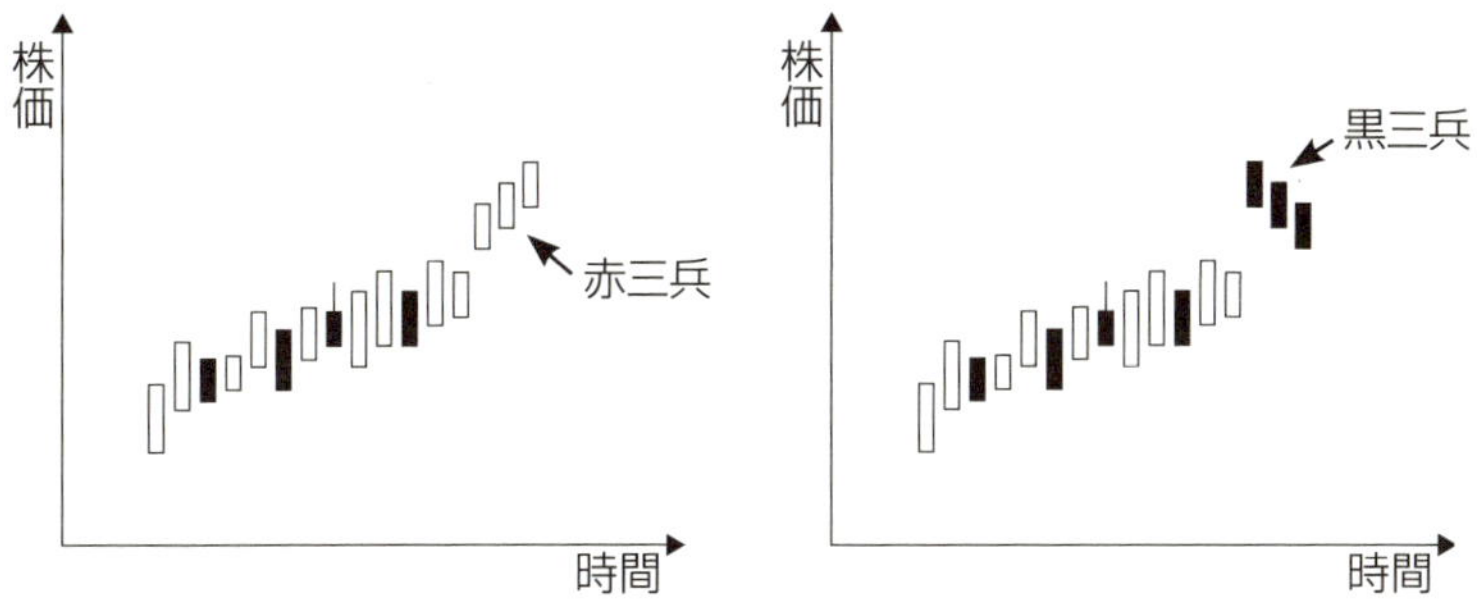

ある期間連続で上昇したり、下降したりする株価のパターン。ある期間連続の上昇は**赤三兵**、連続して下落するパターンの場合は**黒三兵**と言う。
赤三兵は、その後、さらに株価は上昇すると見る。逆に黒三兵は、その後、下落すると見る。

三兵を知っていると、相場の勢いの読みに、幅ができます。これを知っている人は中級以上の人です。**三兵**の中で、最も有名な形は、**赤三兵**《あかさんぺい》。

赤というのは、ローソク足の白い線、陽線をさします。陽線が3本連続に出て、続けて出るというのが株価上昇の足。**暴騰のサイン**、買いのシグナルです。

特に相場の始動期、動き始めた頃に赤三兵が出た場合は、**買いのサイン**です。

「これから暴騰しますよ」というサイン。この反対が、黒いローソク足が3本連続して出る**黒三兵**《くろさんぺい》です。

三《さん》羽《ば》烏《がらす》という名前もついていますが、黒三兵が出たら売りのサインです。「ここから下がります」というサインと見ます。

トレンドラインを引けるようになることが最大のポイント

以上のようなことをしっかり身につけるには、コツがあります。それはとにかく、**トレンドラインを引く習慣をつける**ことです。最も重要なことは、**トレンドラインを引けるかどうか**なのです。チャートをプリントアウトし、実際に自分でそこに線を引いてみてください。これを繰り返し行なえば、必ず無意識に頭の中でもトレンドラインを引けるようになります。

チャートを見ながら、いちいち線を引かなくても、頭の中（仮想）で引いてみて、「この上値抵抗線を突破したら買い、突破しなかったら売りだ」「この下値支持線を突破したら売り、突破しなかったら上昇気配で買いだ」と自然に判断できるようになったら、上級者レベル。

繰り返しますが、トレンドラインの主なものは2つありました。上値抵抗線（レジスタンスライン）と下値支持線（サポートライン）の2種類です。チャートを見ながら、この2種類のトレンドラインを実際に引いて、練習してみてください。それがまさに**スガシタ式実践法**なのです。

ここまでのことをまとめてみましょう。暴落、暴騰を見極めるためには、いち早くそのサインを察知すること。察知するには、方法として、

第1に**三山、三川を知る**

第2に**株価の転換点に出る形を読む**

第3に**相場の勢いを読む**

そのためには**自分でトレンドラインを引けるようになる**のがコツことをご紹介しました。

この点をしっかりと体得していただければ、暴騰、暴落をかなりの確率で事前に察知し、投資に役立てることができるはずです。

そしてこれらの方法のベースにあるのはいずれも酒田五法です。

中・上級編

株価の主な動き（波動）①
「上げ」「下げ」「押し」「戻し」という4つの動き

4つのパターンを覚えれば、株価の主な動きは理解できる

株価は縦横無尽に動くようでいて、実は典型的な動きの積み重ねである場合が多いのです。つまり、いくつかのパターンがあり、そのパターンのつながりが株価の動きになっているのです。ここでは主な動き（波動）のパターンをご紹介しましょう。

左図上を見てください。株価の上がる時は、一段上げ、二段上げ、三段上げのように段階的に上がるパターンがあります。同様に下がる場合も、一段下げ、二段下げ、三段下げのように、段階的に下がるパターンがあります。また、**半値押し**、**三分の一押し**とは、株価がある地点から上がって、次に下がる時、上がった値幅の半分ほど下がるのを**半値押**し、三分の一ほど下がるのを**三分の一押し**と言います。逆に（反対に）、株価がある時点から下がり、次に上がる時、下がった値幅の約半分上がるのを**半値戻し**、三分の一上がるのを**三分の一戻し**と言います。

株価のおもな動き（波動）❶

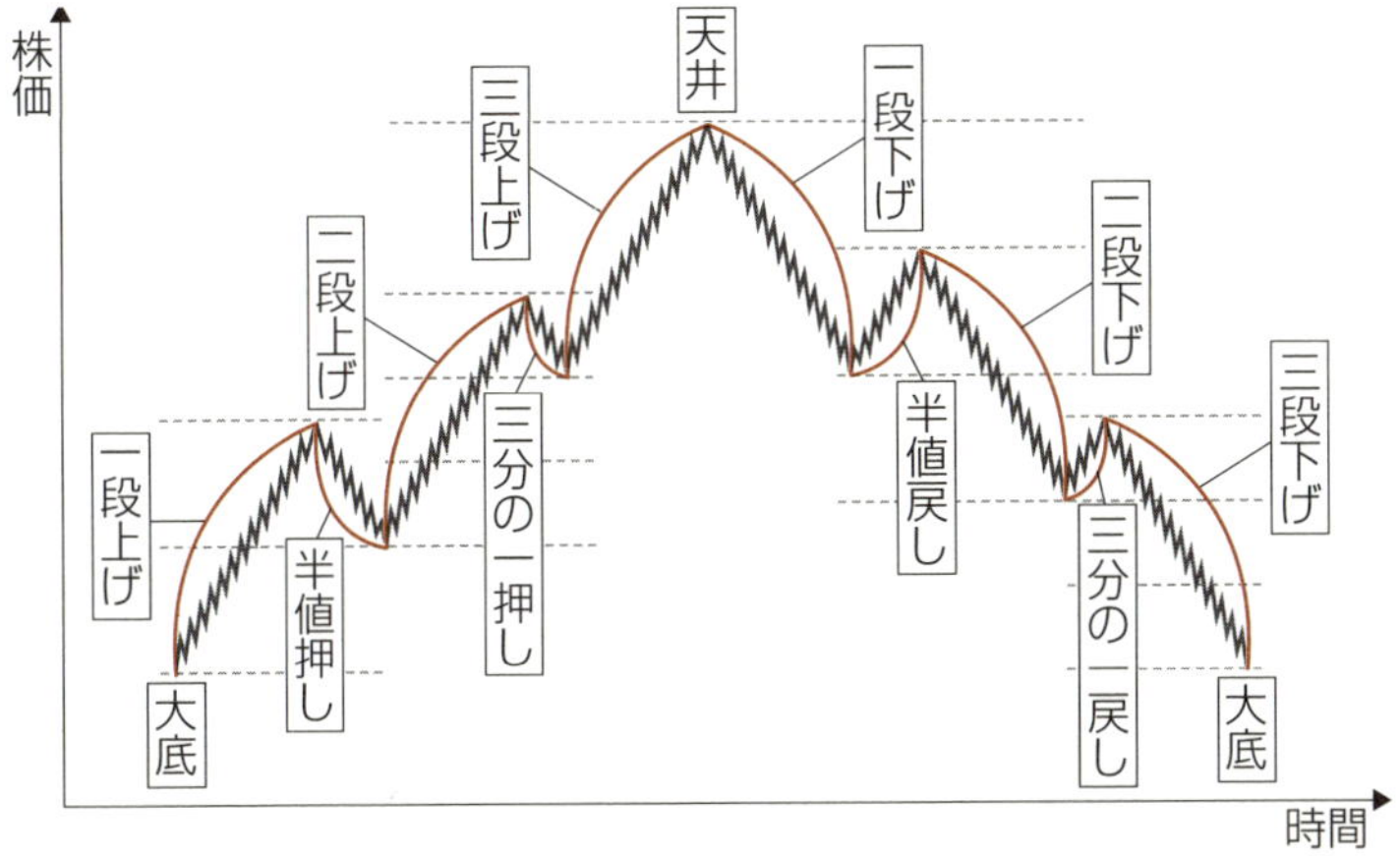

半値押しとは

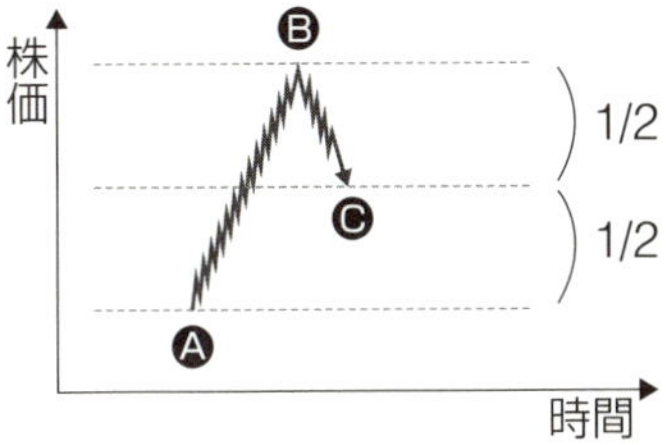

ⒷⒸは
ⒶⒷの半値

三分の一押しとは

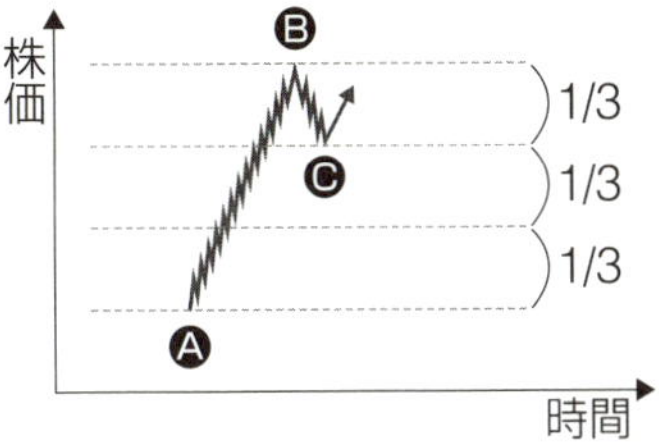

ⒷⒸはⒶⒷ の
三分の一値

中・上級編

株価の主な動き（波動）②
「上げ」「下げ」「押し」「戻し」という4つの動き

「半値押し」と「三分の一押し」、「半値戻し」と「三分の一戻し」

株価が上がる場合は、一段上げ、二段上げ、三段上げと、三段階を経る場合が多いです。これは**上昇の第一波、第二波、第三波**とも言ったりします。

下がる場合も、一段下げ、二段下げ、三段下げと、三段階を経るパターンが多いです。

前ページ（１３９ページ）の中央の図と下図は、「**押し**」について、くわしく解説した図です。「半値押し」「三分の一押し」を解説しています。「押し」とは、上がっている株価が反転して下がることであり、上がった値幅の半分下がった場合は、**半値押し**、三分の一下がった場合は**三分の一押し**と言います。

左図は、今度は「押し」の反対である「**戻し**」を解説した図です。

下がっている株価が反転して上がった場合、下がった値幅の半分上がれば**半値戻し**、三分の一ほど上がれば**三分の一戻し**と言います。

実践編

株価のおもな動き（波動）❷

半値戻しとは

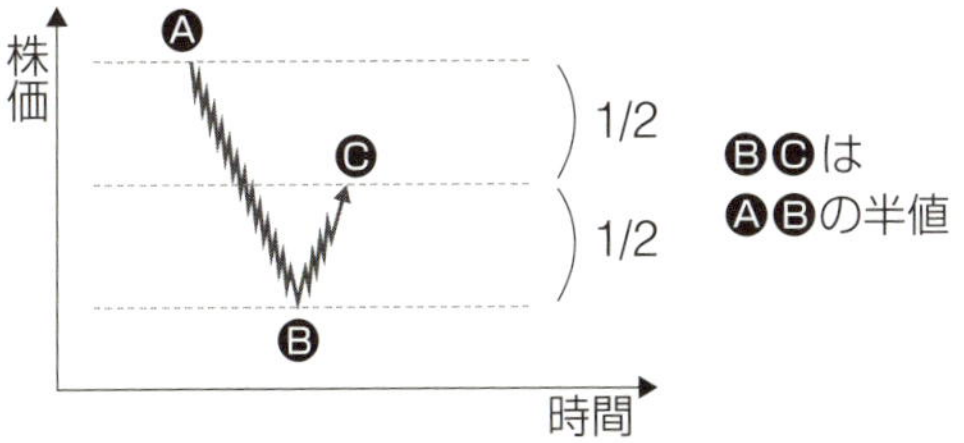

三分の一戻しとは

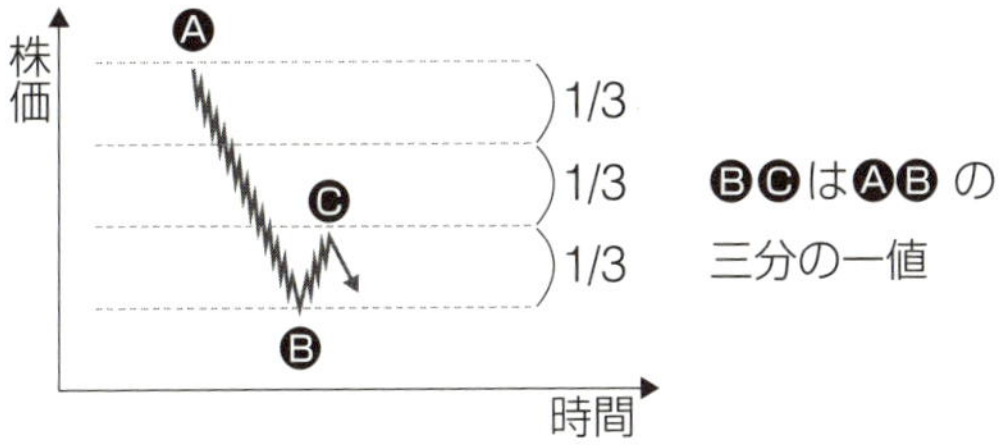

- 株価の上昇、下降には「三段高下」と言って、三段階で上昇、または下降する場合が多い。
- 一段上げは、反動で半値押し（半値下がる）、二段上げは反動で三分の一押し（三分の一下がる）、三段上げは天井を打つという動きをあらわす。一段上げを上昇第１波とすれば、二段上げは上昇第２波、三段上げは上昇の第３波と言える。
- 反対に下がる場合も、三段下げとなる場合が多い。一段下げとなると、反動で半値戻し（半値上がる）。その後、二段下げとなると、反動で三分の一戻し（三分の一上がる）。そして三段下げで大底にいたる。
→ 139 ページ上図参照

中・上級編

買うタイミングをもう一度確認

買うタイミングはトレンドラインを引いて判断する

トレンドライン（上値抵抗線）を突破するかどうかで判断

ここでは、買う時のタイミングについて、もう一度確認しておきます。

本書で何度も説明している通り、買うタイミングは、トレンドラインを引いて判断します。

左図の場合でいえば、❶、❸、❹の時点です。直近の高値から平行にトレンドライン（この場合は上値抵抗線であるレジスタンスライン）を引き、現在の株価が、このトレンドラインを突破すれば、買い、突破しないで下がるようなら待つ。あるいはプロならば売りと判断します。

❸は、❶、❹とは少し違う局面です。下がっていた株価が再び上昇の傾向を示した時、直近の高値である❷に近づくまでは、買いと判断するケースです。しかし❷に限りなく近づいてきたら、用心。❷の高値を超えるか、超えないかで、株価の動きを分析しなくてはなりません。そのためにも、❷からトレンドラインを引き、このラインを突破してくるか、こないか見ることが、判断する1つの手がかりとなるのです。

実践編

買う時のタイミングとその理由

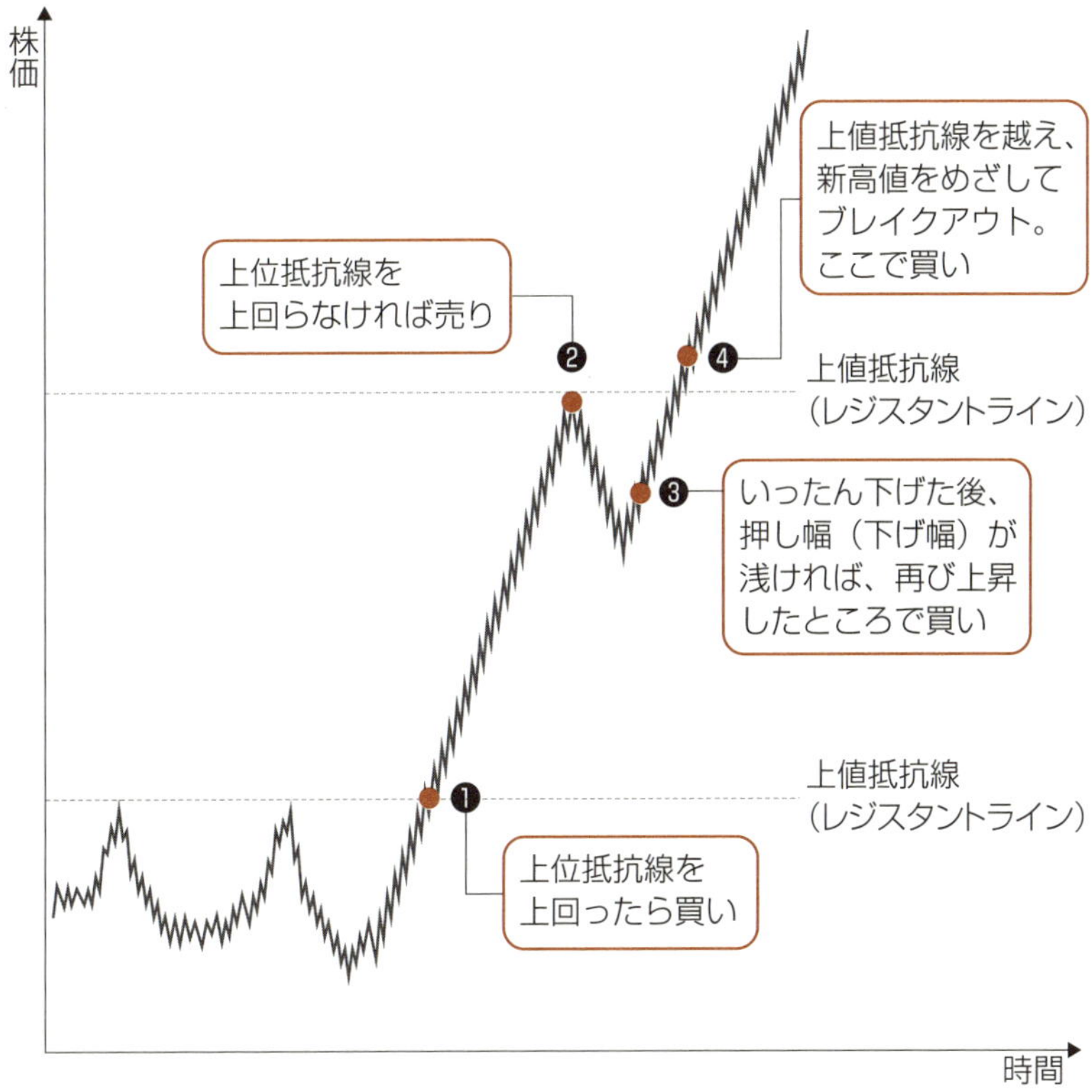

● 買う時のタイミングとして重要なのは、図の❶、❷、❹の時点。直近の上値を結んでトレンドライン（上値抵抗線）を引くと、❶、❷、❹の時点で、この上値抵抗線を突破すれば、買い。
突破しなければ、株価は下がるので売りか、休む。
❶の時点と❹の時点は、上値抵抗線を突破したので、買いだが、❷の時点は突破しなかったため、株価は一時的に下がった。
❷の時点では買わないことが正解。

売るタイミングを再確認
トレンドラインを引いて判断する

トレンドライン（下値支持線）を突破するかどうかで判断

ここでは、本書で再三説明した売る時のタイミングについて、もう一度確認しましょう。

売るタイミングは、トレンドラインを引いて判断します。左図の❶は、下がり続ける株価に対して、売るかどうか迷う場面ですが、この場合は直近の2つの底値を結ぶトレンドライン（下値抵抗線）を引きます。このトレンドラインを突破して、下回ったならば、売り。

下回らなければ、売らない、あるいは待つタイミングです。

下回りそうな場合、プロならば、いわゆる「空売り」する場面でしょう。
❹も、同じケースです。❸を天井にして下がり始めた株価。そこで、どのタイミングで売るかの判断は、直近の底値である❷からトレンドラインを引きます。このトレンドラインを下回れば、売り。下回らなければ、反転して直近の高値❸を目指して上昇と予想もできるため、買いのタイミングになります。

実践編

売る時のタイミングとその理由

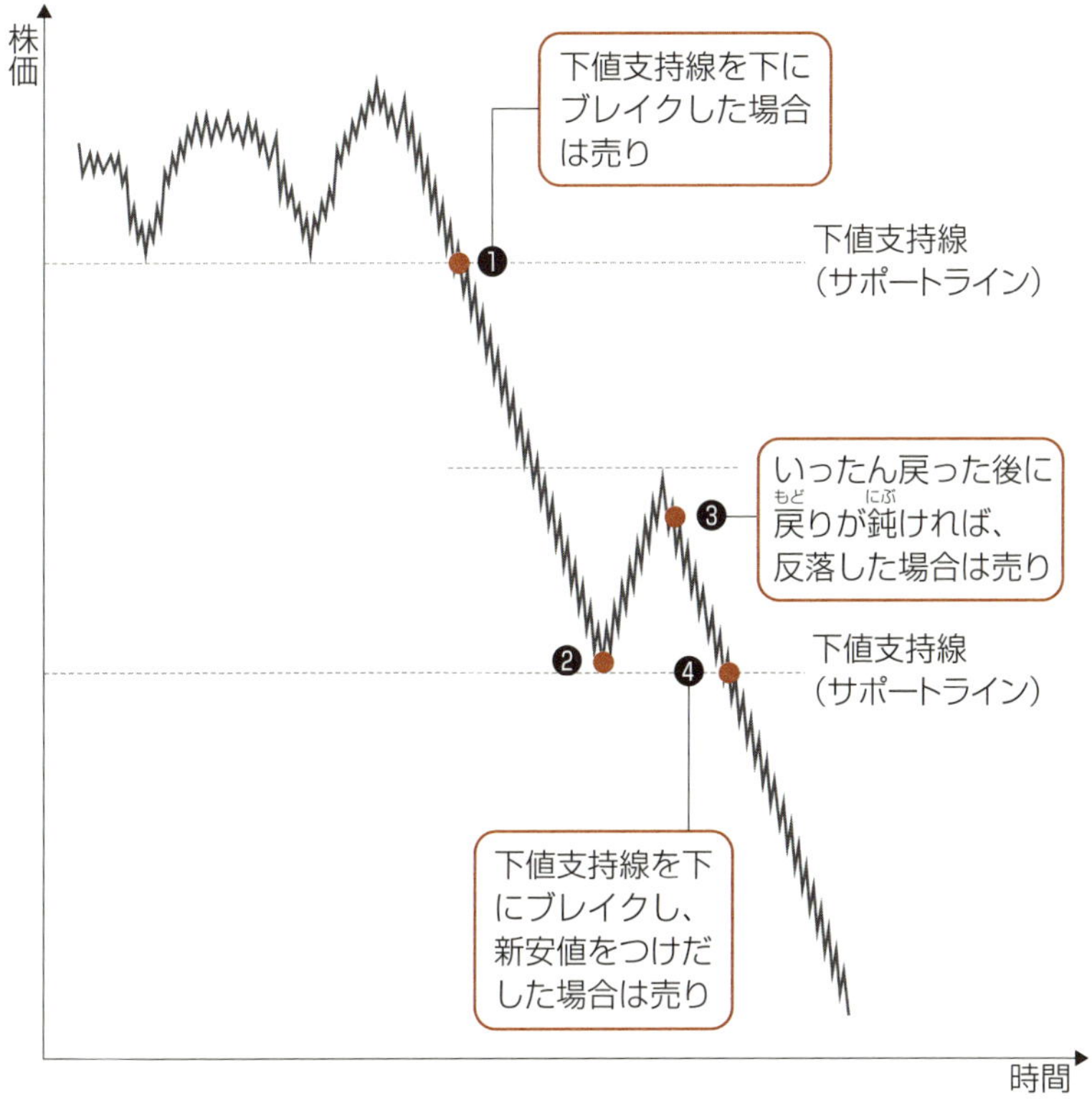

● ❶と❹の時点は、直近の安値を結んだトレンドライン（下値支持線）を引くと、株価の下降が予想でき、売るタイミングがわかる。
❶の時点で、下値支持線を下回ったため、プロならばこの時点で空売りを仕掛ける。
❷の時点まで下がったので、空売りしていれば儲かっている。

中・上級編

「上昇第3波」は狙い打つ

上昇の第1波、第2波があれば、まず第3波がある

トレンドラインを引けるようになる。

そして**頭の中でも引けるようになる。**

それができるようになったら、最後は相場の大きな流れをつかむために、

相場には上昇第3波がある

ということも覚えておきましょう。

普通相場は、上昇第3波を狙え

と言うほど、上昇第1波、第2波の次の第3波は、狙いやすい暴騰サインなのです。

日経平均株価でも、個別銘柄でも、上昇相場が始まると上昇第3波まであるというのが普通のパターンです。

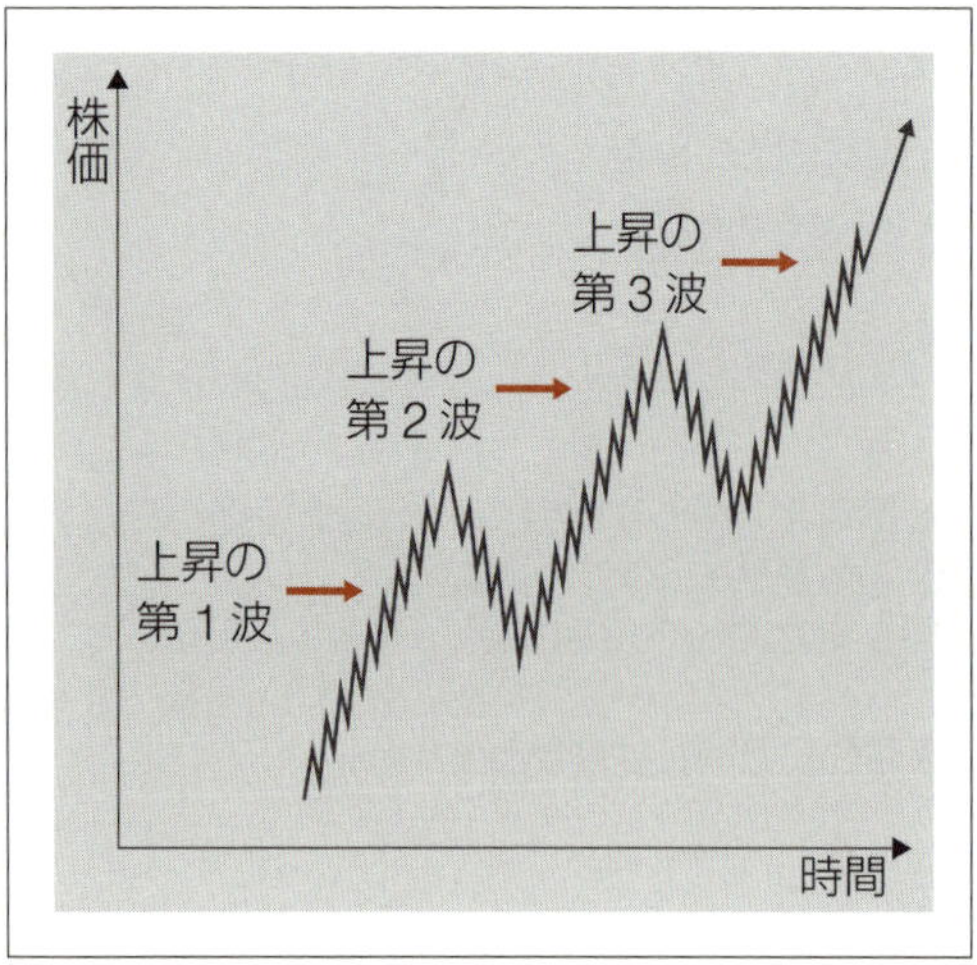

アベノミクス相場の上昇第3波を狙う

日経平均株価（2012 ～ 2015）

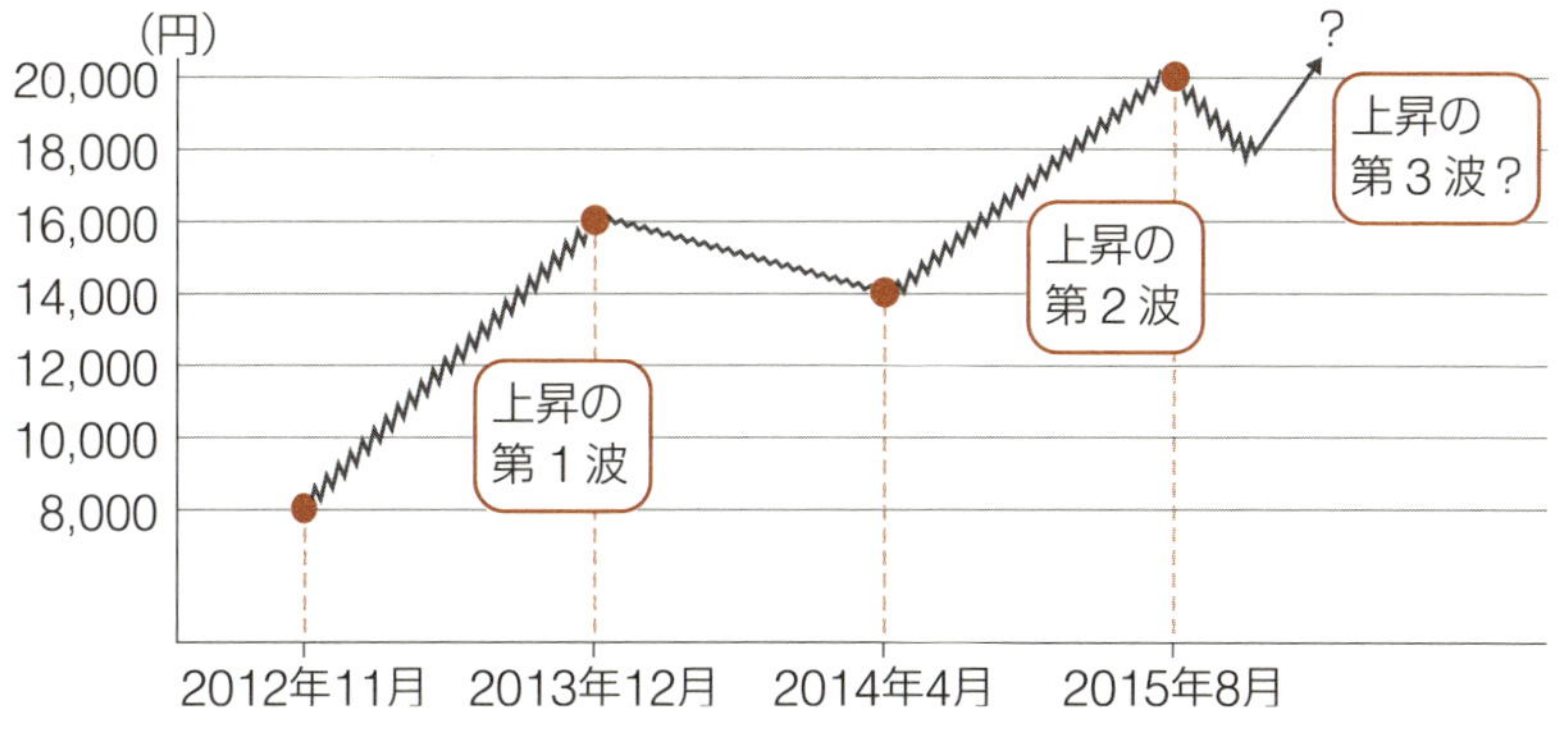

具体的な例を挙げて説明します。

現在の相場は、通称アベノミクス相場と名前がつくほど、歴史に残る相場の1つです。２０１５年末の段階ではアベノミクス相場が継続中です。この相場のスタートは、**２０１２年11月14日**を底に、約８０００円台の株価から上昇を開始しました。

２０１３年5月に一番天井、**12月**に二番天井を打ち、天井は1万６０００円台。ところが翌年の**２０１４年4月**に増税があって、1万４０００円台まで下がりました。その後、**10月**に日銀の金融緩和があって**12月**には1万８０００円台の高値まで戻った。**２０１５年**は**6月**、**8月**に2万円台で天井を打って、現在に至っています。

これをチャート分析すると、２０１２年11月14日の８０００円台から出発して、２０１３年5月と12

月の2つの1万6000円台の天井までが、**上昇第1波**と見ることができる。そして前述の2014年10月の安値1万4259円から、2015年の6月、8月の20900円台で天井を打つまでが、**上昇第2波**です。

ですから、**2015年の8月に2番天井を打った後は下落調整局面**です。この下落調整局面が終われば、次の上昇第3波がやってくるという相場の波動です。

2016年の値動きを予測する

私の予想どおり2016年の念頭から、チャイナショックや逆オイルショックで、株価は大暴落していますが、早ければ1月中旬、遅くとも1~3月中に株価は当面の不安材料を織り込んで、反転、上昇開始する。つまり、上昇第3波が始まるものと考えています。

過去の経験則から、今回のような出発点から平均株価が2倍以上になるような大相場の時には、だいたい上昇第3波がある。今は第2波で終わっていますから、今後どうなるかといった状況です。

この予想は波動から見た予想であり、ファンダメンタルズでは分析できません。

投資戦略は今後の株価の動きがどうなるか予想し、相場が上昇トレンドになった時に、上昇トレンドの波に乗って儲ける、これしかありません。

上昇トレンドの波に乗って儲けるには、暴落の時はいつ買い場がやってくるか、見極めなければなりません。株価が下がった時がチャンスなので、そこを見極めることが**投資戦略の成否の分岐点**となります。

だからこそ、**株価が低迷している時は、買いのチャンスを待つ時です。**

しかし、**もう底入れしているのか、まだ底入れしていないのか、**はわかりません。まだまだ下がるかもしれない。だから投資家たちは戦々恐々として相場を見守っているという状況が生まれます。

株価低迷の底値の時は、株のバーゲンセール

言うまでもありませんが、**株価が下がった時は、買いのチャンス**です。

今のアベノミクス相場の出発点は、２０１２年11月14日の８０００円台の底と述べました。その「底」を察知して株を買っていた人は、もうすでに大儲けしています。

同様に、それ以前の１９８９年に3万８９１５円をつけた高値から、２００９年3月には７０５４円まで下がりました。２００９年~２０１２年頃から株を買った人は、やはり大儲けしました。つまりこうした**株価低迷の底値の時は、株のバーゲンセールなのです。**大事なのは、時間の読みです。**株価が下がっている時は、早すぎでもダメ、遅すぎてもダメなのです。**

ただ、今のような暴落している時は「日本経

済と株価のバーゲンセールですよ」と、相場が教えてくれているようなものです。

この点を読者の皆さんはぜひ覚えていただきたい。

「最近、株が下がっているなぁ」

と嘆くのは、持ち過ぎて売り損ねた人の悩み。しかし上級クラスの投資家にとっては、こういう時こそ買いのチャンスなのです。

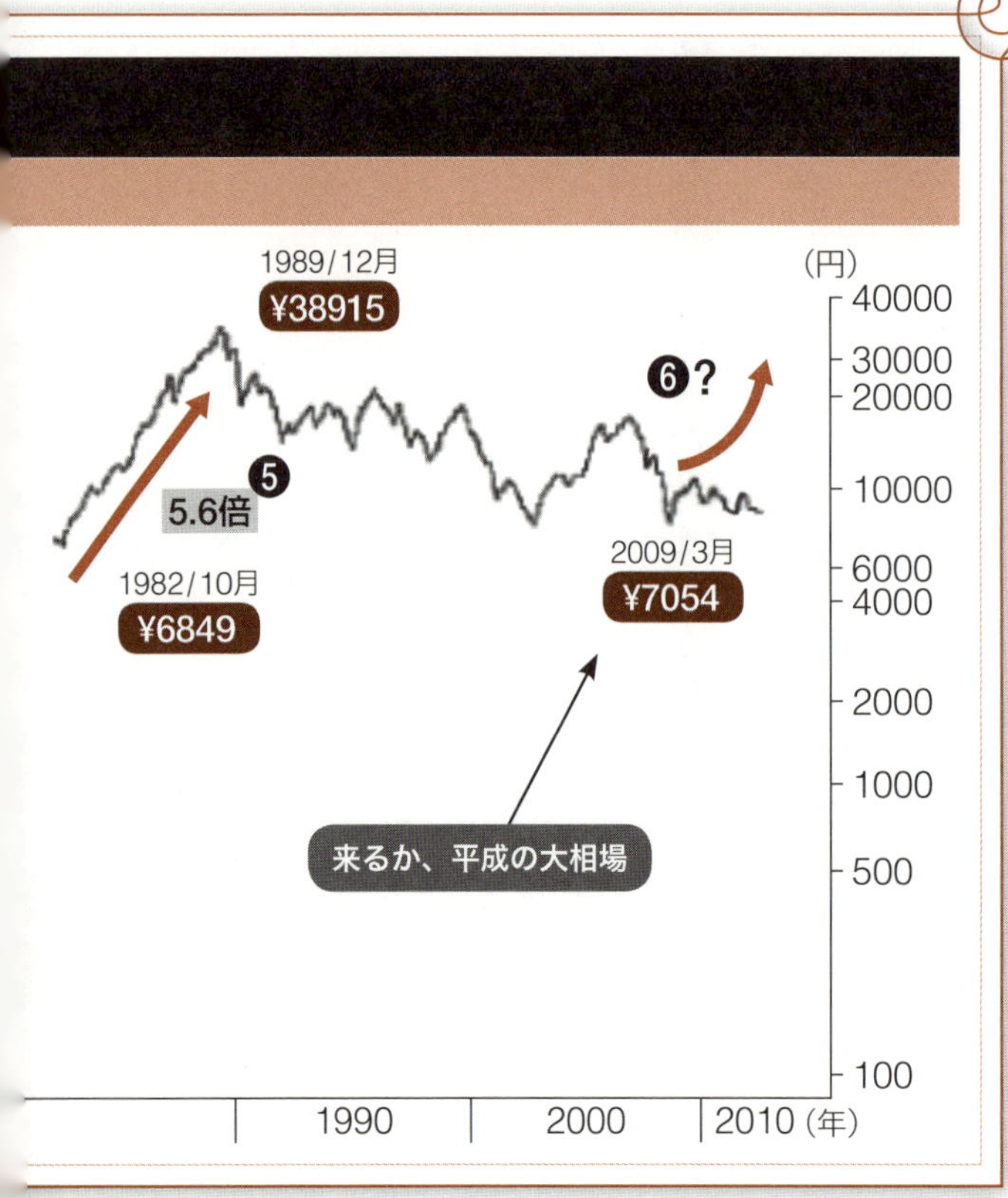

2012年6月に刊行した、私の著書『2014年年までにお金持ちになりなさい』を読んだ読者の中には、買いのチャンスを逃さず、現在、大邸宅を建てた人もいます。その本の帯に、これから3つのステップでインフレの時代がやってくる、と予想しました。2012年は、デフレのまっただ中だったので

戦後から現在までの日経平均株価のチャート

戦後６週目の大相場が放れる!?

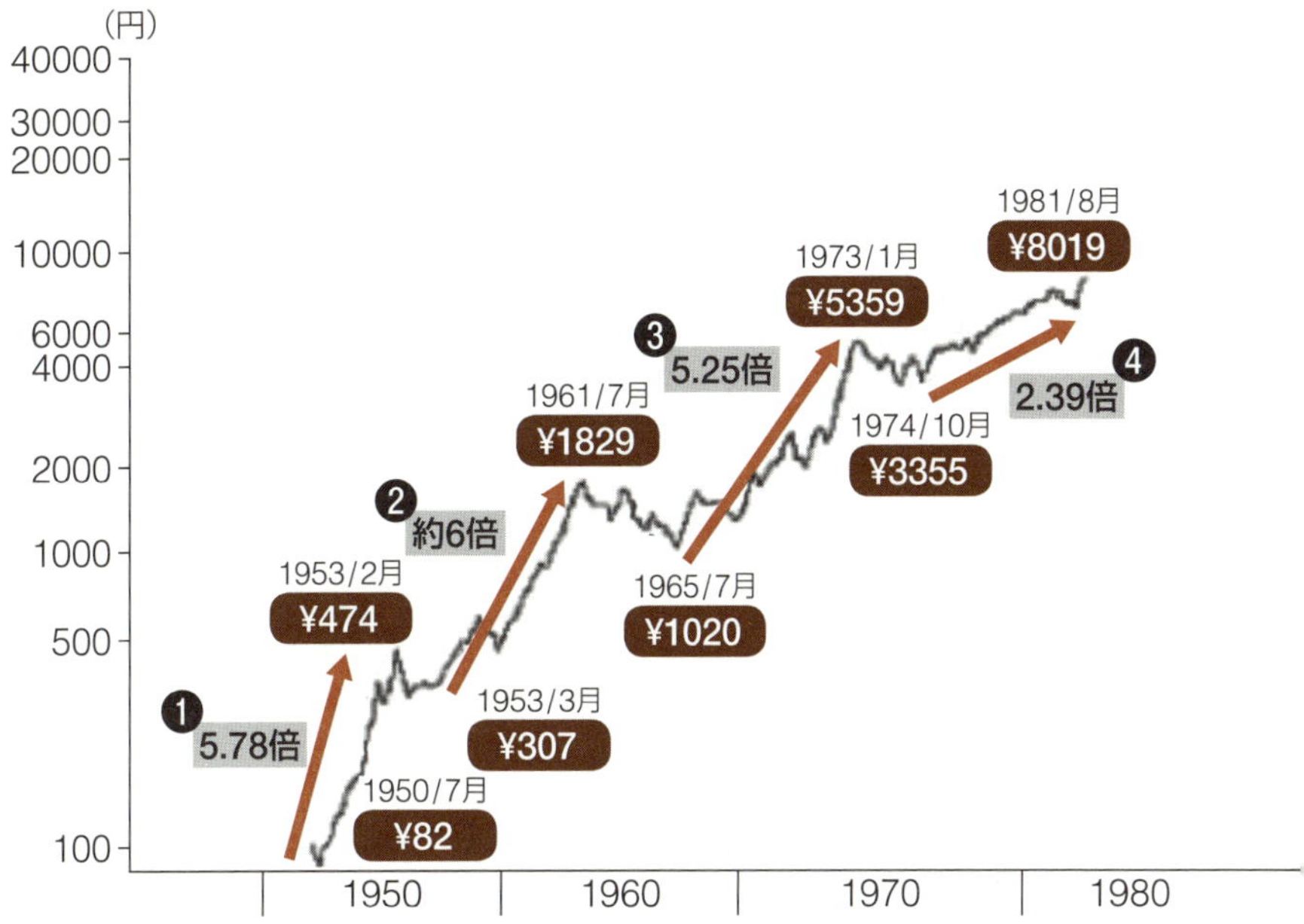

す。株を買うには、一番の妙味があったわけです。

同様に、２０１４年４月の消費税増税で、株価が１万４０００円台にまで下がりました。投資家にとっては、これは憂える状況ではなく、**株のバーゲンセールでもあったのです**。いわば、消費税のミニバーゲンセールです。ここで買った人も、誰もが今、儲けています。

直近の例では、チャイナショックなどは一般的には憂える状況ですが、投資家にとっては、実はビッグチャンス到来なのです。

ビッグチャンスをいかにつかむか

２０１６年の冒頭から、日本の株価は大暴落です。日本経済とアベノミクスは終りでしょうか？　株価は2万円が天井でしょうか。アベノミクスが前に進まないようなら2万円で天井かもしれません。しかし、相場の波動からは上昇第3波があっても不思議ではありません。それは２０１６年7月までに分かるでしょう。

いよいよ、平成の大相場が来るかもしれません。

「２０１６年7月ごろあたりまでに、高値がつく。いわば上昇第3波が来るのではないか」と私は予想しましたが、その予想を裏書きするイベントがあるかどうか、考えてみましょう。

株価を上げるきっかけとなるイベントとして、何か予想できるか。

おそらく２０１６年7月の選挙がアベノミクス相場の正念場となるでしょう。2万円止まりか、2万円を突破して上昇第3波が始まるか？

もしかしたら衆参同一選挙になります。**アベノミクス相場は過去3年ことごとく選挙前に、高値をつけています**。その原因とは簡単で、政府が景気対策を行なうからです。今回も7月高値が非常に有力です。

大きな流れから言えば、２０１６年の1～3月は、下落調整、4～6月は、下げ過ぎの反動高リバウンド相場から3月決算の好調と織り込んで6月、7月に新高値をつけるというシナリオを予想しています。そして私はいつも3つのシナリオを用意しています。

第1シナリオは、年初からの株価大暴落の傷が深く、戻りは2万円ギリギリか、2015年6月の高値付近（2万円台）まで。

第2シナリオは、2015年6月の高値（2万円台）は突破するものの、2万1000円〜2000円止まり。

第3シナリオは、2万円を突破して2万3000円から4000円という新高値をつけ、前半のヤマ場をむかえるというものです。

●第1シナリオは弱気シナリオ
●第2シナリオは中立シナリオ
●第3シナリオは強気シナリオ

となります。どのシナリオでいくかは、アベノミクスの前進と国際情勢不安の比重をどう見るかにかかっています。

いかがですか。

株価を先読みし、売りと買いのタイミングを察知するとは、こうした予測を立てられるようになることでもあります。本書を大いに参考にして、投資頭脳を磨いてみてください。

第４章

多くの投資家が共通して抱える質問、疑問に答えます

初級者も、中・上級者にも必須のＱ＆Ａ

●本章では、株式投資に関係したさまざまな疑問について、お答えします。
40年以上投資の世界に生きてきた私は、一般投資家の方や初心者の方からさまざまな疑問や質問をこれまで受けてきました。その中で最も多い質問、疑問について、重点的にお答えしようと思います。

この章の質問は、特に初心者の方には有益な内容ばかりです。

Q 株を始めたいのですが、投資するための分析方法にはどんな方法がありますか？

A

株の投資をしている人は、自分でデータを集めて分析したり、証券会社の資料を参考にしたりと、方法は人それぞれです。

しかし分析の方法は大別すれば、

・ファンダメンタルズ分析
・テクニカル分析

という2種類の方法しかありません。
ファンダメンタルズ分析とは、ファンダメンタルズ＝「経済の基盤を構成しているさまざまな条件」

を重視して経済の成長率や収支などの数値から、株価を分析していく手法です。

テクニカル分析は、株価のチャートをもとにして、価格、出来高などの動きから株価の動きを予想、分析する方法です。

例えば「日本経済新聞」や『会社四季報』などを読んで、企業のことをくわしく調べたり、情報を集める方法も、ファンダメンタルズ分析の1つです。これはもちろん、投資家にとっては大切なこと。集められる情報そのものが、多くの投資家の心理を左右するものでもあるわけです。

ただ私は、投資判断という面では、こうした情報だけに頼るのはよくないと考えています。

情報を知っているということは大事ですが、実際に株を売買する場合の投資家心理の分析のほうが重要です。情報だけに頼っていたのでは正確な判断ができません。

巷に溢れている情報は誰でも知ることができます。これは当たり前ですね。

知っていて当たり前の情報をもとに、命の次に大切なお金を投資してしまうのは、投資判断としてはいかがなものでしょう。みんなが知っている情報で、投資で成功できるでしょうか？

「集めた情報」→「判断」→「投資」と直結させてしまうことは、自然な流れです。そして一見合理的ですが、これもまた誰もがやっているプロセスです。果たしてこれで、投資で成功することができるでしょうか？ 情報だけでは投資家の心理は読めません。

では、どうすればいいのか。

その答えを、本書では、株価のチャートを基にして、株価の波動を読み、株価の動きを分析する**テクニカル分析**などから解説しています。それに加えて、私自身が編み出した独自の**波動の理論**で市場の読み方、プロの投資家として株価予想、投資のレッスンなども行なっています。

それに加味させる形で、ファンダメンタルズ分析による情報収集を活用していますが、あくまでも投資判断の1つの材料として参考にするだけです。そこに依拠することはありません。

Q 新聞などメディアの情報は投資をする際、頼りになるでしょうか？

A

何かに頼りたいのは、人間の本性です。そのため、「信頼するメディア、金融機関、著名アナリストが推奨しているのだから間違いない」と判断して投資する人は多いでしょう。しかし損をすることが多い。なぜなら、彼らはあくまで、傍観者に過ぎません。ほとんどの場合本人が投資をやっているわけではありません。

本当の知恵は、実践を通して生まれるのです。机上の空論からは本当の情報は出てきません。だからハズれることが多いのです。

ある著名な元為替ディーラーの日本経済や株価為替の予想は、ことごとくハズれています。机上の空論だからです。ですので、何かに頼って投資をすること自体に矛盾があることに、まず気づいてください。

投資は、結果的には、自己判断による自己責任です。

誰も保証はしてくれません。「元金を保証する」「利回り△%を保証する」というのは、嘘であり、詐欺です。

保証を求めたり、何かを頼りに投資をしたいと考える投資家の心理には、人間誰もが抱える「恐怖《おそれ》」「欲望」「不安」が起因しています。

初心者でも上級者でも、自分の買った株が暴落するのではないか、という「恐れ」を常に抱いています。青ざめることも当然、起こります。株がどんどん上がれば有頂天ですが、下がり出すとたんに青ざめる。損をしたくないためですが、誰にでも同じような体験があるでしょう。

しかし投資をする場合は、**感情をコントロールするレッスンを常に心がけていないと、長続きできません。**

自分の心のコントロールを心がける。最も簡単なようでいて、最も難しいのは、**この心のコントロール**なのです。

株式投資に限ったことではありません。事業をやる場合でも、会社勤めをしていても、まったく同じこと。**精神的なコントロール、自己管理は求められる必須条件**です。

株式投資でも、精神的なコントロールのできる人と、できない人とでははっきり分かれます。コントロールできる人は上級者であり、できない人はどんなに経験を積んでも初級者の域を出ることができません。

自主管理ができ、精神のコントロールができて、バランスのいい精神を保っている人が、どこの世界でも成功者になっています。コントロールできない人、常に不安定な精神状態にある人は、多くは失敗しているはずです。それはあなたの周囲を見れば、わかること。簡単な真理です。

例えば、今あなたが投資で1千万円を損したとしましょう。当然動揺します。あるいは大きく投資をして、1億円の損失が出たとしましょう。このような時に人間は、2つのタイプに分かれます。

1つは、当然のことながら、後悔して悲観的になり、落ち込む人。人によっては、もう2度と立ち直れなくなります。

もう1つのタイプは、大損したことを冷静に認め、この失敗を得難い経験として、挽回《ばんかい》のためのチャレンジ精神に切り替える人。「株の損は、株で取り返す」というくらいの気持ちをもつという心理になれるかどうか。後者のタイプが究極の勝者です。

もちろん簡単ではありません。どうすれば精神をコントロールできるかと聞かれても、明確な答えはありません。

要はコントロールするように常日頃から心がけているか、いないかの違いとしか言いようがないのです。ただ1つ、確実に言えることは、この世の中にはそういうことを**心がけている人と、いない人に分かれる**ということです。それが真実です。

精神的な安定を心がけていない人は、刻一刻、日々の生活の中で突然起こる目前の出来事に対し、常に行き当たりばったりに反応する傾向があります。

こういう人が投資を始めたら、どうなるでしょうか。

推して知るべしです。

突発的な出来事が起こっても、精神のバランスを常に保つよう心がけている人は、過剰に反応しません。頭の隅、心の隅にどこか冷静な部分を持っているのです。

しかし、こうした心がけのある人は、投資の世界では少数派。株式投資の世界では上級者の腕前を持つ人たちです。そういう人は相場の世界に今も生き残っています。このことは、相場の世界に限った話ではなく、どこの業界でも同じでしょう。

いつも右往左往している不安定な人は、いつまでも初級者なのです。ところがこういう人が、実は世の中では多数を占めています。

Q 投資に向いている性格、向いていない性格はありますか？

前問の続きから言うと、精神的安定を日頃から心がけている人は、株式投資に向いている、しかし心がけのない人は投資には向いていない、となるでしょうか。

A

実はそう単純なことでもありません。

むしろ、投資に向いている人、向いていない人の区別は、**性格、性情に起因している**ことが多いようです。ずばり言えば、**株に向いている人は、性格が楽天家な人**です。株に向かない人は、その逆で悲観的な人。

日頃からぼやいてばかりいる人、不満を抱いている人、常に後ろ向きな考え方の人は、はっきり言って不向きです。また人の足を引っ張ったり、悪口ばっかり言っているような人も、投資には向かないでしょう。損をするとすぐ他者の責任にして、自分で反省したり、復習し勉強することがないので、長続きしません。

株で成功している人たちを見ると、不思議なほど、みんなどこか楽天的な人が多い。ポジティブで楽観的な考え方を持った人ばかりです。どんなに形勢が悪い時でも、楽天的になれる人たちです。

株に向いているか、向いていないか、もう一つの重要なファクターにはやはり**「運」**です。

相場の世界に限らず、人生全般、それぞれ人には「運」というものがあります。

世の中で成功している人、株式投資で成功している人は、やはり努力と運の両方がつながっている人たちです。つながらないと成功は覚束ない。

あなたの周囲を見回してみてください。サラリーマン、ＯＬの世界でも、どんなに能力があり努力をしても、ぜんぜん出世をしない人たちがたくさんいるはずです。だから「運」もないとだめなのです。努力と運の両方を持ち合わせないと、投資でも成功しないでしょう。社会的に成功しないのと同じことです。

では、「運」がなければ、どうしようもないか。

「運」のない人が「運」をつかむことはできないのか。

「自分には運がない」と思っている人は、運を呼び込む方法をぜひこの機会に覚えてください。これは私が自ら実践していることですが、以下スガシタ流「運《ツキ》を呼び込む心得《ココロエ》」です。まず、

「笑顔で生活する」

と、運を呼び込みます。

私は人の顔を見ると、運の善し悪しがわかります。運の悪い人は特にすぐわかる。そういう人はいかにも「ついていない」という顔をしています。いわゆるネガティブな顔です。

見たらわかりますが、本人は気づいていません。常に何か不平不満のある人は、顔にそれが出ています。分かりやすく言えば、たいてい気むずかしそうな表情をしています。暗い顔つきもダメです。

それから、目がキョロキョロして、落ち着きがない人も運がありません。あるいは服装がだらしない人もです。これらは、前述したように。精神の統一が不安定な人、心のコントロールができていない人たちです。

「運」はもちろん先天的な部分を占めますが、後天的な要素も大きいでしょう。

先天的に「運」がよくても、例えばお金持ちの家に生まれても、貧困になる人は幾らでもいます。

そうなると「運」「不運」は自らが引き寄せたものと考えることもできます。**決して貧乏神を引き寄**

せないよう、注意しなければなりません。

貧乏神を引き寄せる人は、だいたいは自信過剰な人です。あるいは欲張りな人です。つまり、セルフィッシュ（自己中心的）な人とも言えます。幸運を引き寄せている人を見ると、どんなに成功しても頭は常に低く、稲穂が垂れるごとく、謙虚な人たちがほとんどです。だからどんなに成功しても感謝の気持ちを忘れない。そして、自分だけでなく、他人の成功や幸福を喜ぶ。これが幸運を呼び寄せる人の特徴です。

Q 「塩漬け」はいい方法でしょうか？

A

塩漬けは、買った株が下がり、売ることもままならず持ったままでいる状態を指します。これはもうバツです。

個人投資家は塩漬け株を持つべきではありません。鉄則だと思います。塩漬け株を持っていると、それだけで運が落ちるからです。塩漬けするぐらいなら、早めに、思い切って損切り（損失を覚悟して売る）したほうがいい。

私は株を6カ月以上は持たないようにしています。

また年末には、できるだけ保有株を処分していったんキャッシュ（現金）にします。そして新たな気持ちで翌年から投資を始めます。

まさに短期決戦型、中期決戦型です。いつも2～3カ月で決着つけたいので、3カ月ぐらいでメドが立たなければ、売ってしまうことも多いのです。どんなに持っていても長くて半年前後。買った株が一定期間に上がらなければ、損切りするというのが私の投資ルールです。

もちろん、そうして売った後に、上がる場合もあります。それでもいいのです。投資の時間を決めて、塩漬けしないというのが私のポリシーです。

塩漬け株をたくさん持っている人は、不運です。なぜなら大きな含み損を毎月抱えていては、誰でも気分が落ち込みます。こういう人は株では絶対に儲けることができません。お金持ちにはなれない。というのも、こういう人は損している株をずっと持っているわけで、精神状態もよくないはずです。

しかし、**一番だめな人は、毎日、損益分の計算ばかりしている人**です。

自分の財産がどれだけ減ったか、それが気になってしょうがない人。これは愚の骨頂。

損した株はスパッと忘れるぐらいでないといけません。

だから損切りが重要です。何十万、何百万円損をしようとも、思い切って損切りし、損したことはすっかり忘れること。そして次のチャンスを狙う準備をすべきです。

Q 長期投資はおすすめですか？

A

長期投資で必ず勝てるという人は、投資家の中にもいるのは確かです。

しかし私は長期投資にはまったく関心がありません。

特に、現代は世の中すべてにおいて、「変わり方」がもの凄く速い時代。

同じ株を長期で持っていたら、どうなるでしょうか。何が起こるかわかりません。何が起きても不思議ではありません。人々の価値観も急激に変化しています。

長期投資は、特に成長株投資[※1]には不向きです。

バリュー株投資[※2]なら持っていてもいいかもしれませんが、バリュー株で割安株、安全だと思われた東京電力や日本航空でさえ、ご覧の通り破綻しています。長期投資だから、安全とか、必ず儲かるということはありません。

もちろん、人並みはずれた企業を見る眼を持っていれば勝てるでしょう。ウォーレン・バフェットの

※1　**成長株投資**：企業としてまだ伸び、株価が上がるポテンシャルのある銘柄に投資すること。
※2　**バリュー株投資**：現在の株価が適正な価格よりも低く感じ、割安感のある株に投資すること。

ように、バリュー株（割安株）の長期投資で大成功している人もいます。

ただ、前述したように、私の投資期間は長くて6カ月。できれば2～3カ月で勝負して、目標額に達しなければ損切り。値下がりすれば一定の値下がり率で損切りします。買った時点から株がすぐに上がっているというのがベストの状況であり、私はそれを狙っています。

株を買う時、「やがて下がるだろう」と思って買う人はいません。

100人中100人が「上がる」と信じて買っているわけです。私も同様です。投資のプロですから、狙って買ったものが3カ月も上がらないというのは、もう最初の私の判断が間違っていたという証拠です。私の場合は、短・中期投資型ですから、5年、10年という期間を想定している長期投資にはまったく関心がないのです。

Q 「損切り」するのには、やはり抵抗があります。どうしたら踏み切れるでしょうか？

A

損切りは、ネガティブに考えるものではありません。

むしろ損失を最小限度に抑えるものであり、得策です。

幸運を呼び寄せるには、損切りができないといけません。

株式投資で100戦100勝はないのですから、どこかで必ず失敗をします。だからこそ、**投資の極意とは、失敗を早く判断して損切りすること**です。

そうすれば損は軽微に収まる。損害は軽くすみます。

損した分は、狙い通りの上りを見せる銘柄でたっぷりと儲ける

というのが、**スガシタ流の投資法**です。

そもそも私の投資法は、買った株がすぐ上がれば、すぐには売りません。買った株がすぐ上がらなければ売ります。それが基本となりますが、一般の人はむしろ逆でしょう。

買った株がすぐに上がったら、すぐ売る。2割も上がったらもう御の字。「今日の昼ご飯代が浮いた」というような感覚でいると、すぐに売ってしまう。そして反対に下がってくると、売ったら損と思い込んで持ったままです。これが一般の投資家心理です。

ところが**スガシタ流はまったく逆**であり、買った株が上がれば引きつけます。できるだけ長く持つ。下がれば即、損切りを考える。これが**損切りの極意、私の考え方**です。

だから**私と一般投資家の売り時、買い時に関する判断は、真逆**になっています。

初心者におすすめの「売るタイミング」

その時あわてないために、損切りポイント、利食いポイントは、あらかじめ決めておこう

損切りポイントとは

損失を抑えるために、「持っている株がここまで下がったら売る」と決めておくポイント

利食いポイントとは

利益を確実に得るため、「持っている株がここまで上がったら売る」と決めておくポイント

…………損切りポイントの例………

- **株価が１割（10%）下がったら売る**
  ➡ 損切りポイント
  （損を１割で抑えられる）
- **株価が２割（20%）下がったら売る**
  ➡ 損切りポイント
  （損を２割で抑えられる）

…………利食いポイントの例………

- **株価が１割（10%）上がったら売る**
  ➡ 利食いポイント
  （１割は確実に利益を確保できる）

株式投資の初心者なら、自分の中で**損切りポイント**をあらかじめ決めておくといいでしょう。例えば、

「10％まで下がったら売る」

と決めておくのです。というのも、いざ株が下がると、幾らの段階で売ったらいいのか、必ず迷うからです。だから売れない。ますます売るタイミングを逃します。損切りできずに持ったままだと、株価はさらに下降します。損失を拡大させる。こうなると、投資家心理が陥りやすい蟻地獄のパターンです。

一般投資家は、持っている株が下がると、「待てば上がるのでは」と思う傾向が強いのです。しかし、それは、単なる願望でしかあ

りません。むしろ、下がり始めた株は、さらに下がる傾向があるのです。だから、あらかじめ「10％以上下がったら損切りする」と決めておけばいい。初心者ならば、8％から10％の間に損切りラインを設定しておけばいいでしょう。

相場の世界には、

「三割高下に向かえ」

という格言があります。

「3割上がったら売りましょう（利益確定）」「3割下がったら買いましょう」という意味です。

短期（目先）ならば30％値上がりすれば、利食い※のチャンスです。逆に3割下がったら買いを考える時です。

ただ初心者の場合は、3割ではなく2割、あるいは1割の段階で、動いたほうが無難かもしれません。初心者には、8～10％ぐらいの1割ラインで判断するのが動きやすいはずです。

何％を利食いポイント、何％を損切りポイントにするかは、本人の判断です。

私の場合は、投資して値上がりしたら、基本的にはなかなか売りません。良い株は、引き寄せて、引き寄せて、資金に余裕があればさらに買い足します。買い乗せ（利乗せ）という作戦です。これは初心

※ **利食い**：購入した価格よりも値上がりした時点で株を売却し、利益を確定すること。

者には不向きです。

初心者はなによりもまず、下がった場合を想定して、「ここまで下がれば売る」という損切りポイントを決めておくことです。

また、「ここまで上がったら売る」という利食いポイントも決めておけば、いざという時に慌てず、タイミングを逃さないですみます。

第3章で解説した、〝トレンドラインを引く〟というワザを体得すれば、より有効的に、損切り、利食いのタイミングをとらえられるはずです。そのためにも中級、上級者の人は、とにかくチャートの勉強をすることです。株価の波動を常に研究して、買い時をつかみ、節目節目で売っていく。毎日勉強をして、一歩ずつでも投資技術を磨く努力をしてください。

Q 暴落が怖いので、いつも迷っています。心構えとして必要なことがあれば、教えてください

A

暴落リスクについてお話ししましょう。

相場には必ず、何年かに一度の割合で大暴落があります。

例えばチャイナ・ショック、その前のリーマン・ショック、こういう暴落は突然やってくるのが常です。事前に「天井近し」と察知して売れる人は、これはもう名人級。しかし一般の人はなかなかそうはいきません。こうしたリスクの時青ざめなくてすむように、普段から心かけておくべき対策はあります。

それは自分の資金に余裕を持たせて投資をすることです。

「株が上がるぞ」という話を聞いて、全力投球するのは大変危険。買った途端に暴落ということがよく起こります。最悪のケースは「退職金100%全部入れました」というような人。買ったところがド天井で、しかしそれに気づかず、人の話に乗ったために真っ青です。こういう人が実は結構います。

私がすすめるのは、「**常に自分の資金力の半分ぐらいで投資しなさい**」ということです。ただ初心者の方には資金の約3割で投資することをおすすめします。そうすればリスクを最小限度で回避できます。そういう余裕を持ちながら投資をすべきです。

「得意な時はクールに対応する」という主旨の名言がありますが、まさにその通り。リスクに直面しても、止水のごとく楽天的にゆったりとする。そういう心境を持ち続けることが、人生での成功の秘訣だと明治維新の立役者・西郷隆盛は言っています。

これが「得意冷然《とくいれいぜん》、失意泰然《しついたいぜん》」という言葉です。

我々凡人は、なかなかこうした心境に達することはできませんが、不可能ではありません。

あらかじめ資金の半分、できれば3割程度で勝負すると決めておけばいいのです。そうすれば、心に余裕ができる。資金の3割ほどの投資が、リスクに対する最も懸命な心構えです。

Q 「機会損失」で、がっかりしています。どうすれば立ち直れるでしょうか?

A

機会損失。上がると思っていたが、結果的に買わなかった株が実際に上がって、悔しい思いをする場合があります。

儲かるチャンスを逃したとい点では機会損失ですが、それではただの初級者というしかありません。精神的なコントロールができていません。

私が言いたいことは、「相場は明日もある」ということです。

初心者の方にはまずこれを肝に銘じてほしいのです。今日買わなくても、次のチャンスは幾らでもあります。

また、上がり続ける株はありません。必ず下がる日が来る。だから待てばいいのです。焦る必要はまったくない。

相場の極意の一つに、**相場とは待つことと見つけたり**という言葉がある。待つことが大事。というよりも、待てる人が勝てる。本書の読者の皆さんには、このことを肝に銘じて投資していただきたい、そう思います。

具体的に言えば、初心者はまず、なるべく株価が底値近辺にある時に購入するよう、心がけるべきです。狙った株が安値圏にいる時に買う。

名人級になれば、底値圏よりも、株価が立ち上がってこれから上昇しそうな局面で買うようになりますが、これは上級者レベル。上昇しそうな局面をチャートや波動などで察知するには、ある程度の勉強をしないとわかりません。

ですから初級者は、狙った株が安値圏、底値圏にある時に買うのが一番いい。これを基本として身につけてください。そういう場合は、必ず日経平均株価が暴落したり、大幅に値下がりしている時です。

私が主催する投資研究会「スガシタクラブ」などで、レクチャーする際の基本的スタンスは、まさにこれです。

相場の世界の成功者は、悪いことはパッと忘れて楽天的な気分になれる人ばかり。そしていいことは増幅させて、拡大していける人たちです。そういう心理を持てる人のみが成功していると言っても、過言ではありません。

相場で失敗する人は、悪いことをいつまでも気にして、さらにどんどん悪いことを拡大させてしまう人です。「俺はもうだめだ」と、崖っぷちに立つ心理に自分で自分を追い込んでしまう人。こういう人は投資に限らず何でも失敗するでしょう。

よいことは大いに喜んで、福を呼んで拡大する。悪いことは直ちに損切りをして、すっかり忘れてしまう。その気持ちの切り替えが、投資家には最も重要ではないでしょうか。

Q 投資に役立つメディアや情報ツールがあれば教えてください

A

投資には、新聞、テレビなどからの情報収集も必要です。

情報をとるソースはたくさんありますが、初心者が日頃から現在の社会情勢、経済状況なりをある程度勉強しておくために、目を通していたほうがいいものが幾つかあります。

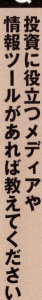

その第一は、やはり「日本経済新聞」。これは基本です。

それから「日経ヴェリタス」。「日経ヴェリタス」のいいところは、企業や株価に関するデータが、幅

スガシタ式「投資に役立つ情報ツール」一覧表

基本の情報ツールとなる新聞・雑誌

- 日本経済新聞
- 日経ヴェリタス

株式市場のトレンドがわかる雑誌

- ダイヤモンドZAi
- 日経マネー
- 週刊エコノミスト

私が必ず目を通す新聞のコラム

- 東京新聞
「私の相場観」
（露崎達郎、久保寺寛次担当の記事）
- 日本経済新聞
朝刊「大機小機」
- 日本経済新聞
夕刊「十字路」

おすすめの証券会社のレポート

- 立花証券
- 極東証券

広く掲載されていることです。個人でこれだけの情報を集めるのは大変なので、定期的に目を通しておくと、データ収集に効率がいいでしょう。

資金に余裕のある人は、「ダイヤモンドＺＡｉ」や「日経マネー」も、流し読みしておくといいでしょう。それほど重要な記事はありませんが、今の株式市場の風潮、トレンドがわかります。

株式に関する特集記事に役立つ雑誌は、日本版の「週刊エコノミスト」や「週刊ダイヤモンド」などです。毎回読む必要はないかもしれませんが、株式投資に役立つテーマの特集記事などを私は必ず読むようにしています。

新聞では、東京新聞の「私の相場観」というコラムがおすすめ。私は「私の相場観」を読むためにわざわざ東京新聞を買っています。これは、月曜日から金曜日まで相場のプロが書いているコラムですが、露崎達郎、久保寺寛次のお二人のコメントは、参考になります。

これは、読む側にある程度の知識がないとわからないレベルの記事ですが、興味のある人はぜひ読んでみてください。

コラムに関しては、日本経済新聞では意外と夕刊がおすすめです。「十字路」など、夕刊の経済コラムは中身が濃い。米国のマーケットに関するコラム「ウォール街ラウンドアップ」も、いい記事が出ています。

日経新聞の朝刊のコラム「大機小機」が65点とすると、夕刊の「十字路」は70点。東京新聞の「私の相場観」は、露崎達郎、久保寺寛次のお二人のコラムならば80点以上といったところです。

メディア以外では、立花証券が出している「立花月報」や極東証券の投資レポートもおすすめです。証券会社はそれぞれレポートを出していますが、立花証券の「立花月報」は大手証券会社のレポートよりも独自の相場観があります。大手のものは一般論を書いているものが多いのです。極東証券のレポートも書き手がなかなか鋭い視点を持っています。

日本のメディアは国際的な情報が少ないため、世界情勢の情報を補う意味で「ニューズウィーク」の日本版にも目を通しています。

本当はイギリスの『The Economist』を読むのが一番いい。しかしこれはかなりの英語力がないと読みこなすのは困難です。

Q 「逆張り」はどのようにすればいいのでしょうか？

A

投資家心理は、第1には、**多数決の原理が影響**しています。

前述したように、相場は美人投票と同じです。多数決の原理が働いて、みんなが「いい」と思っ

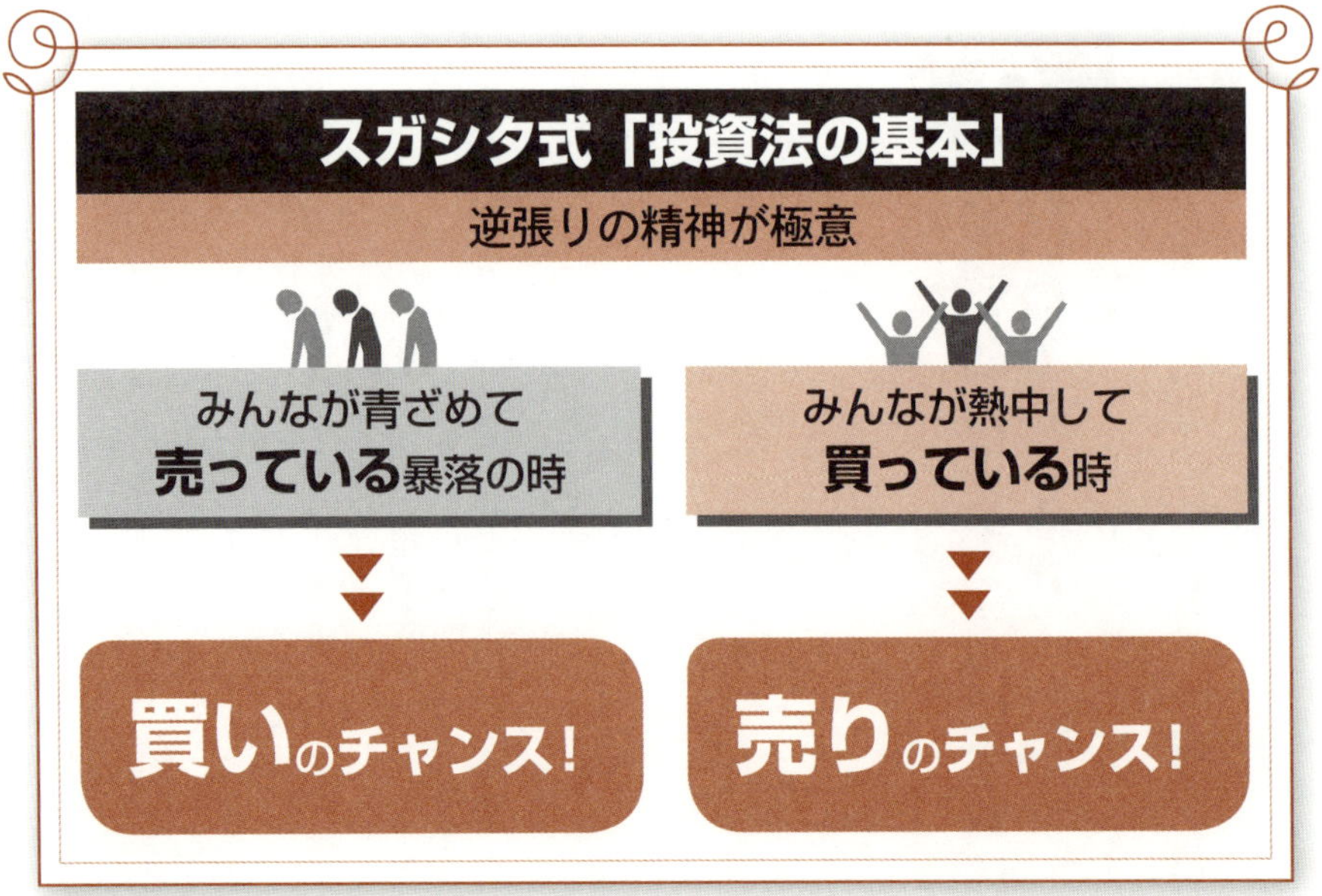
スガシタ式「投資法の基本」
逆張りの精神が極意
みんなが青ざめて
売っている暴落の時
買いのチャンス！
みんなが熱中して
買っている時
売りのチャンス！

た株が上がります。そしてみんなが賛成の方向にまず走る。これが投資家心理です。

しかし、投資家心理には、また**非多数決の原理**というものもあるのです。

その典型が、投資家心理の極意とも言える**逆張り**です。

みんなと真反対に賭ける。

これができるかどうか。リーマン・ショックやチャイナ・ショックが起これば、その動きをいち早く察知して撤退すべきです。これは当たり前で、問題はその動きをいかに事前に察知するかです。ここが勝負の分かれ目になる。まだみんなが過熱している時に、いち早く撤退する。この瞬間が逆張りです。しかし逆張りするには、私が活用している**波動の勉強**をしていないとできません。そしてこれができるようになれば、逆張りのシグナルを知って、ワンランクアップの投資家になれます。

過去の相場のパフォーマンスを調べると誰でも分かることなのですが、リーマンショックのような大暴落が起きても、**長期的に見ると、その時は常に絶好の買い場となっている**ということです。

このことをよく覚えておいてください。

ショックの時が、実は絶好の買い場なのです。**下落局面でどこで底入れするかを判断するのは、至難の業ですが、暴落の時に買ってこそ投資では成功できます**。これが**逆張りの精神の真髄**です。

売るのであれば、ショックが起きた初期に売らないといけません。「今日、売ろう」では遅過ぎる。もう次の買い場が近づいているかもしれません。「天井近くの好材料は売り！」という相場格言を実行できれば、あなたは名人級の投資家です。

このように、**スガシタ式投資法の基本は、**

・みんなが青ざめて売る時は、買いチャンス

・誰もが買いという時は売りのタイミング

なのです。この逆張りの精神を常に持つことこそが、**スガシタ式投資法の極意**です。

もちろん言うは易《やす》く行うは難《かた》しです。

本書ではまず、酒田五法の基本形を知って、買いの形、売りの形を会得して実践に活用できるようにしてあります。しかし本を読んだだけでは活用できないので、知識プラス投資の体験をして、投資家心理を学ばなくてはなりません。この積み重ねによって、レベルがだんだんと上がっていきます。

そして投資の極意、スガシタ式投資法によって、逆張りを心がける。

メディアやマスコミが悲観的なら、買いのチャンス。楽観的なら売りのタイミングが近づいているシグナル。そう考えるのです。

また、メディアやマスコミだけでなく、あなた自信の日常生活の中にもヒントが潜んでいます。日頃株式に関心のないような人々まで株価の話をする。そんな時には、市場が熱くなっていることが多いのです。

典型的な例がウォール街のエピソードとして残っています。

1929年の暗黒の木曜日、恐慌相場の直前、ある著名な投資家が街角で靴を磨いたところ、靴磨きの少年まで株で儲かったという話をしたのを聞いて、世紀の大暴落を察知。ただちに全株を売却して、難を逃れたというのです。

また、世界株式市場の大底だった1982年夏、アメリカの株式市場は8月から10月に大暴落、大底でした。その時、「ウォールストリート・ジャーナル」がある特集を組んだ。タイトルは、「ウォール街は死んだ」です。

メディアから出た、典型的な悲観論の登場でした。これが、実は、米国の株価の大底を知らせるサインだったのです。事実、相場はその後一気に上がり始めました。

繰り返しますが、**一流のメディアが超悲観的な記事を書き出したら、買いのチャンス**です。

Q 投資家心理で大切なこととは何でしょうか？

A

逆張りのほかに、もう一つ、投資家心理で覚えておかなければならないことは、

国策に売りなし、デフレに買いなし

ということです。

これは重要なキーワード。投資家は国策に逆らってはいけません。日本の今の国策は、アベノミクスです。ですから今の日本での株式投資で成功するためには、アベノミクスの波にいかに乗るかです。

また、世界経済を過去100年間調べてみても、デフレの時に株価が上がった国はまったくありませ

ん。つまり**デフレ化している国は、売り**ということです。

日本経済と株式市場は過去20年も、デフレのために、下落トレンドが続きました。ようやくその長いトンネルを抜け出そうかという局面です。

日々、メディアの情報を収集し、勉強する時、投資家心理としてはどんな材料（情報）が株価を下げ、どんな材料（情報）が上げるのか、基本を知らねばなりません。ただ漫然と新聞や雑誌を読んでいてもだめです。

漫然とテレビのニュース解説を見ているだけの人は、初級以下。ですから初級以上になるためにはまず、**株価の下げ材料となる情報**には、

◉増税

◉金融の引き締め

◉国際情勢不安

の3要素があることを覚えておいてください。この3つのうち1つでも起きれば、株価下落のリスクが高まります。

現在の日本の株価は、2014年の消費税増税から下がっています。持ち直すために日銀は追加の金融緩和が必要です。消費税増税による景気の後退が今なお尾を引いている状態です。

ニュースでわかる「株価が下がる時」

株価下落のリスクを高めるこの３要素

1 増税

2 金融の引き締め（利上げなど）

3 国際情勢不安（テロなど）

この直近の例を見ても、**増税したら株価は間違いなく下がる**のです。あるいは株価はそれほど大きくは上がらない。頭打ちになる。今から株式投資をする人は、２０１６年末までがチャンスかもしれない。なぜなら、２０１７年にまた消費税が上がる予定だからです。

今、買って２０１６年の年末までに売る、遅くも２０１７年の４月までには売る。これが今現在の私の投資スタンスです。

株価の下げ材料となる情報の３要素、増税の次は、**金融の引き締め**です。

日本経済のバブル崩壊（１９８９年）は、日銀の急速な金融引き締めによって大暴落が起こったことからも明白です。アメリカの中央銀行であるＦＲＢ（連邦準備制度理事会）が、利上げをためらってい

ニュースでわかる「株価が上がる時」

株価上昇の買い材料となるこの3要素

1 減 税

2 金融緩和

3 国際情勢の安定

るのもそのためです。利上げしたら必ず株価は下がる。どの程度下がるか、が問題です。確実なことは、利上げしたらすぐなからず、アメリカの株は下がることです。そのタイミングや利上げの幅によって、ショックの度合いが小さいか大きいか、長引くか短いか、が決まります。

以上のことからも、**金融引き締め、利上げは、売り材料**なのです。

株価の下げ材料となる情報の3要素、3番目は**国際情勢不安**です。

これも売りです。テロの多発、紛争の拡大などの世界情勢不安は、株価の売り材料です。

ですから、

「株価が上がりそうな買い時は、いつですか」

の質問に答えることは簡単です。**これら3要素の**

すべて逆を考えればいいのです。すなわち、

◉減税

◉金融緩和

◉国際情勢の安定

です。これらはみな**買い材料**です。

最後に、中級者、上級者用に、投資家心理を読む極めつけのポイントお話ししておきましょう。

それは、

相場の行方を象徴する出来事、イベントを見逃すな

ということです。

これは初級者には難しいですが、今後の相場の行方を予兆させる出来事、イベントが出てくる時、それを見逃さないことが大切です。つまり、

「**今が相場の天井、あるいは大底である**」

ということを知らせる象徴的な出来事を、いかに読み取るかです。

具体的な例としては、社名は控えますが、１９８０年代のバブル相場の天井近くで、ある大企業が超

強気になって株式や不動産投資を始めたことがありました。こうした記事が新聞に出たり、テレビで報道されたら、

天井が近い

ということです。前回のバブル崩壊時では、アメリカ・ニューヨークの一等地にあるロックフェラーセンタービルを三菱地所が買ったところが、株価の天井を告げるシグナルでした。

また、前述のように、「日本経済新聞」や「朝日新聞」のような一流のメディアが超楽観論を書き始めたら、天井です。反対に超悲観論を書いたら、底が近いということになります。

もう1つ、ぜひとも日頃から注意して読み取らなければならない出来事、イベントは、一番、実感としてわかりにくい点ですが、**一般大衆の超楽観論、超悲観論**です。

例えば、ふだんは株などに無縁な庶民が、株価上昇や不動産ブームに熱狂したりする出来事、イベントに接したら、「そろそろ天井だな」と思って間違いありません。

逆に極端に悲観論的な出来事、イベントが起きたら、「そろそろ大底に来た」と買いチャンスを狙うべきです。

それがよくわからない人は、書店にひんぱんに行って新刊本をチェックするだけでも、わかる時があ

ります。

例えば、アベノミクスが始まる前は、「日本はもうだめだ」「日本経済は破綻する」という本ばかりが出版され、よく売れました。これがまさに「大底が来て、いよいよ株価が上がり始めるぞ」という狼煙《のろし》（サイン）だったわけです。

これを応用すれば、「アベノミクス崩壊」「日本経済は1年ももたない」というような本が店頭に溢れ、売れているようならば、投資家は買いチャンスの到来だと察知しなくてはなりません。

Q 経済学者、アナリスト、マスコミの経済予測はなぜいつも外れるのでしょうか？

経済の悲観論、不安をあおる書籍、雑誌はよく売れます。同様に、悲観的な報道は、耳目を集めます。

A

本や雑誌が売れ、視聴率が上がるために、メディアが意図的にやっているだけのことです。しかしほとんどの予想は外れています。10年も前から「日本経済崩壊」「日本国債大暴落、ハイパーインフレが起こる」などと唱えた本を書いている人がいますが、日本経済が簡単に崩壊するわけはありません。世界で一番安定している国、それが日本です。

少子高齢化や財政赤字の増大などさまざまな問題はありますが、長期的には日本の国力がそれほど衰退するとは思えません。なぜなら、日本には世界一勤勉でまじめな日本人がいるからです。そして世界トップクラスの製造業があり、欧米に次ぐノーベル賞を多数受賞するような研究者の技術力、教育力があるからです。数字やデータにごまかされてはいけません。私は、日本人のＤＮＡの素晴らしさ、幾度となくあった歴史上の難局を乗り切ってきた日本精神を信じます。

世情を見ていると、

世の多くの人々は、現状追究する

という特徴があることに気づきます。今、この現状をもとに、延長線上に未来を予測するという習性が、多くの凡人には見られます。これが世の中の多数を占める凡人の考え方の傾向なのです。そして**その予測はことごとく全部外れています。**

現状がいつまでも続くはずがないからです。

江戸時代、侍の時代が続くと思っていた人は99・９％でした。ところが明治維新が起きた。

10年、20年のスパンで大改革が起きています。大変動がある。海外から押し寄せてくるか、国内から起こるか、の違いだけです。

そういう大変革が必ず起こるということは、歴史が証明している波動です。だから、**現状分析では未来予測はできない**ことを知っておかなくてはなりません。

現状分析に基づいて語っている人は、言っていることがみな外れています。

机の上の勉強だけでは、未来予測はできない。経済学者、アナリストの予測が外れる理由は、ここにあります。

日本経済の悲観論を唱える人には、パターンがあります。

日本の財政赤字がこのままずっと拡大していくと、国債は大暴落する。長期金利が急騰し、ハイパーインフレが起こって、日本はもう崩壊すると唱えています。これは経済学を勉強して立てた見通しとしては、ある意味では正解です。「日本経済の未来を論文で書きなさい」という学校の試験なら、満点かもしれません。しかし現状はそうではありません。

経済は生き物です。歴史は動いているのです。

まず、思い出してください。

アベノミクスが出てくるとは、誰も予測していませんでした。そのためアベノミクスが出てきてからも、それを追認できずに、机上の理論から抜け出せない経済学者、エコノミストが多いのです。

目前にある日本の膨大な財政赤字によって、日本経済はハイパーインフレ化、国債は大暴落、日本経済が崩壊という予測を立てるエコノミストが、今も全体の半数以上います。

私は「そうはならない」とずっと以前から唱えてきました。

この10年は特にそうです。

私の考えは一貫しており、彼らとは真逆の意見、予測を立てています。つまり、**日本経済の夜明けが近づいている**、と昔も今も声を大にして言っています。

それは、なぜか。

歴史のサイクルがあるからです。波動の理論から言えることなのです。

Q 自分で何に投資していいかわからない時はファンドを利用したほうがいいでしょうか?

A

個人の投資家から、よく受ける質問です。資金があればファンドに預けたほうがいいかどうか、そういう質問もよく受けます。

しかし、投資は、基本的には、やはり自分で判断するものです。

自分の投資頭脳を磨いて、自分の資産を殖やす。それしかありません。

第三者に任せて、どうなるか、結果は誰にもわかりません。

私はファンドには預けません。

というのは、10年後にそのファンドの投資法が間違っていたと気づいても、取り返しがつかないからです。やはり己の投資頭脳を磨くことが、一番の手堅い方法だと考えています。

しかし自分の投資頭脳を磨く自信がない人は、投資信託に資産の一部を預ける選択肢もあるでしょう。

ただ、この場合もいろいろなファンドがありますから、勉強しないと、どこがいいのか判断つきません。

基本的には、どこまでいっても、やはり**自分の投資頭脳の鍛錬が必要**となるのです。

預けるにしても、どこに預けるのか、何に投資するのか、判断しなくてはなりません。

他人まかせでは資産は殖やせません。ファンドに預けるにしても、そのファンドの代表者の投資哲学やその手法、また人間的な魅力、そしてファンドの過去の実績などを良く調べて判断すべきです。

私の経験から言えば、過去、自分の財産を大手証券会社など第三者に運用させて、大きく儲かった人はほとんど見聞きしません。だいたいは損をしています。

一方で、最近は独自の相場観や銘柄選択で成功しているファンドもいくつか出てきています。たとえば、藤野英人さんがファンドマネージャーの「ひふみ投信」などは、運用成績がよく、独自の投資哲学があるので、調べてみてはいかがでしょうか。

大手の一流証券会社に預けたからといって、資産が殖えたり儲けさせてもらえるわけでもありません。要は、そのファンドを運用している人の能力です。これを見分けるのはなかなか難しい。

投資の世界はそれなりのレッスン、修行の期間が必須です。最低10年はやっていないと、投資の何たるかはわかりません。

前述したように、大改革、大変動の時代が10年、20年単位で訪れます。相場では、それに呼応して10年に1度ぐらい大相場が起こっています。大天井と大底を一度や二度ぐらいは経験していないと、投資の真髄はやはり理解できないでしょう。

それでも、あなたが証券会社やファンドに委託したいのならば、せめてその担当者の是非を見極める必要があります。それにはまず、**少なくともリーマンショック以前から相場の世界を経験している人を、選択の目安にすべき**です。

リーマンショックの大暴落は大きな経験になっているはずです。それは「大暴落した」という知識だけあっても、だめです。２００８年９月のリーマン・ブラザーズショックの事実を、幾らネットで調べても役に立ちません。

その**大暴落時に、実際に株の売り買いをしていたという経験こそが、宝物**なのです。かけがえのない宝物の経験になっているはずです。

同様に、１９８９年のバブル崩壊を経験している人は、さらに、貴重なレッスンになっています。

それらを経て生き残っている数少ない投資家の１人が、この私自身なのです。

第5章

投資の中・上級者に多い質問、疑問に答えます

チャートのスパン、暴落回避、証券会社の選び方、株以外の投資について

●本章では、前章に引き続いてQ＆A式で皆さんの疑問にお答えする構成ですが、前章と違い、ここでは中級者、上級者の投資家が多く抱く疑問、質問にお答えしたいと思います。

Q 関心のある会社の株のチャートを見る時どのくらい過去まで遡って調べればいいでしょうか?

株価の動きをあらわすチャートには、**日足**《ひあし》、**週足**《しゅうあし》、**月足**《つきあし》といった種類があります。

これは株価の動きを1日、1週間、1カ月、どのスパン（時間の単位）で見るか、という違いです。

A

日足は、1日単位。

週足は1週間単位。

月足は月単位で株価の動きを見る方法であり、**年足**《ねんあし》（1年単位で見る方法）もありますが、一般の投資家は、日足と週足で見るのが普通です。

株価の大きな流れをつかみたい時には月足、まれには年足でも見てみるのがいいでしょう。**私は普段から日足、週足、月足の3つを見ています。**

ただし、どんな時間の単位で見るにしても、チャートをみて株価の動きを把握するには、ある程度の経験が必要であり、経験に裏打ちされた相場観（読み）がないと難しい。一般の投資家はただなんとなくチャートを眺めている場合が多いですが、ただ見ているだけでは何もわかりません。

人口統計のグラフを見るように、チャートをただ呆然と見ていても意味がありません。株価が上がったとわかっても、そこから先が分析できない。

では、どう見ればいいのか。どのスパンで見ればいいのか。

これはノウハウであり、相場の重要なポイントでもあるので、皆さんは今からお話しする**株価の出発点**に関して、よく覚えておいてください。

例えば、あなたが**日足でチャートを見る**ならば、アベノミクス相場上昇第2波の始まった**２０１４年10月から見る**のが、ベストです。

もっとくわしく見たいという人は、**アベノミクス相場の始まった（出発点）２０１２年11月から見るといいでしょう。**

私の波動理論を学んでいる人は、短期トレンドでは２０１４年の秋頃から、長期トレンドでは、２０１２年の後半からいつもチャートを見ているはずです。日足ならば、そのスパンで見ると、今現在の株価の動きがわかりやすいのです。

週足で見る場合は、少しスパンが長くなるので、もっと前の株価の転換点までさかのぼって見ます。それは2007年の小泉郵政改革相場からです。**2007年7月の1万8000円**をつけた株価から見る。小渕恵三首相時代までさかのぼって見る（2000年4月10日に20833円の高値がある）。あるいは、今回、株価が2万円をつけましたので、2000年4月の週足で見るならば、このあたりから今までのチャートを見るのが一番いいでしょう。

私の会社のすべてのチャートは、2014年12月を基点とした設定にしてあります。およそ1年前です。株価の波動の動きが見やすいからです。

さらにもう少し長めで見たい場合は、2012年11月14日のアベノミクス相場の出発点から見ます。

チャートを何となく見ているようでは、初級者のレベル。

株価は常に動いています。そして今の動きの元となった出発地点がある。そこから見ないと動きが把握できません。

今の株価の動きの出発地点がわかれば、現在までの最安値、最高値がわかりますから、トレンドラインを引く目安が立つ。相場の山や谷の、どこにレジスタンスライン（上値抵抗線）を引き、どこにサポートライン（下値支持線）を引けばいいのかがわかるのです。

月足で見る場合は、さらにスパンが長くなるので、**1982年10月から見る**といいでしょう。

なぜなら、前回のバブル相場の出発点だからです。バブル相場の始まり、1989年12月のバブル天井、その後20年にわたるデフレ不況、株価長期下落、そして株価の底入れ（2009年3月10日）、アベノミクス相場の始まり、という株価の長期のサイクル（波動）がわかるからです。

以上のように、相場を読むには、

今のこの相場は、いったい何年何月何日から始まったのか

ということを知らなくてはなりません。

出発点の株価から見れば、最初の天井はどこだったか、最初の谷（底）はどこだったのかがわかり、さらに**今の株価がどこへ向かうかを読む手がかり、参考になります。**

それが株価の波動を読む、ということです。

チャートは何のために見るのか。

本物の過去の波動を見るためです。

プロの投資家は、過去の波動から未来の波動を予測します。しかし過去といっても、どこまでさかのぼればいいのか、迷います。そこで、**今現在の相場の出発地点となったところから見る。**それが波動によるチャートの見方の極意です。

Q チャイナ・ショックで損失を出しました。突然起こる暴落を回避する方法はないのでしょうか？

A

これまで繰り返し述べてきましたが、○○ショックという暴落が起きる前には、必ず「暴落が起きるぞ」というサインがあります。ここでは、暴落のサインに絞って、具体的に説明してみましょう。

リーマン・ショック、チャイナ・ショックなど、暴落のショックは、起こった後からでは誰もが説明できます。しかしその直前まで続いたバブルの渦中にいる時は、なかなか気づくことができません。それは私たち投資家のプロも同じことです。

例えば2000年代初頭のの**ネットバブルの崩壊**がありました。

崩壊が起こる直前までは、明らかにIT関連企業の株が異常な株高になっていたので、通常ならば察知できたはずでした。ところが、察知できなかった。なぜでしょう?

2000年年1月にITバブルがピークに達し、天井を打った。ヤフーの株価は歴史的な高値をつけました。1株1億6300万円にもなったのです。1株を買うのに、1億円以上もかかったわけです。

これがバブルです。今から、考えると、バブル当時あちらこちらに天井近くのサインが出ていたのに、気づきませんでした。なぜか? あまりに儲かり過ぎて、欲で、正常な判断ができなくなっていたのです。

〝欲に目がくらむ〟という言葉がありますが、そのような心理状態と言えます。

めちゃくちゃに上がって、しかも毎日のように上がる株もあった。しかし、今から考えてそれがバブルだとわかっても、熱気の中にいると気がつかないものなのです。

私はその時まったくバブル崩壊に気づきませんでした。もうどんどん上がるために、「買わないと損する」「まだまだ、天まで上がる」という熱気に一緒に煽られてしまった。そして、ある日突然、天井です。下がる時はもう一気にドンと下がる。100階建てのビルの屋上からエレベーターがノンストップで急落するような下げです。強烈でした。

しかし2008年9月の**リーマン・ショック**の時は、事前に察知することができました。

リーマン・ショックの起こる半年前、2008年3月、アメリカの大手投資銀行ベアー・スターンズが破綻しました。これがサインだったのです。「これは暴落の兆しだ」と気づきました。

2009年末の**ドバイ・ショック**も、事前に察知できました。

ドバイの政府系の投資会社ドバイ・ワールドが世界中からお金を集めてドバイにマンションやオフィスビルを建てていた。これが経営破綻しました。破綻するまでは、設計段階でもマンションやオフィスビルが飛ぶように売れていたのです。何も建っていないのに、です。

私がドバイ・ショックを察知したのは、忘れもしない2009年の10月。崩壊する1カ月前です。六本木のある料理屋に行った時でした。

私は気の置けない投資家仲間と一緒にその店に行きました。店の女将は、私たちが投資家であることを知っていたので、部屋に入って来ていろいろと話をしていました。その時、ビルのオーナーでもある女将が、

「先日ドバイに行ってきた」

と言うのです。「観光で?」と聞くと、

「いや、ドバイのマンションを3戸買ってきた」

女将によると、不動産投資に初めて手を出したとのこと。その時、私は瞬間に、「これはもうドバイバブルの天井だな」と察知しました。ふぐ専門店の女将までが、ドバイの不動産に手を出している。こ

れは市場の過熱であり、相場の飽和状態そのものです。私はそれを察知できたため、ドバイ・ショックの影響を避けられました。女将は、おそらく買ったマンションが売れずに、3分の1か4分の1で投げ売りしたでしょう。

このように、**暴落のサインは、社会現象、市井の人々の過熱ぶりで、判断する**ことができます。

Q 証券会社の選び方を教えてください。また、いい営業マンを見分ける方法はありませんか？

A

もし読者が若年層であるならば、あえて証券マンとつき合う必要性はありません。ネット取引をすべきでしょう。ネットならば手数料は安価で、24時間自由に取引ができます。

パソコンの操作が苦手だとおっしゃる中高年の方や高齢者層ならば、証券会社とのつき合いはやはり大切です。ただし、証券会社はあらゆる金融商品をすすめてくるので、注意が肝要です。何を注意するか。それは、証券マンの人柄と能力です。

営業マンは、まずは、人柄がすべてです。どんな商品でもリスクを説明する証券マンは、信用できます。株であれ投資信託であれ、「これはどうですか」とすすめてきて、かつどんなリスクがあるか、きちんと説明してくれる人は大事におつき合いしたほうがいいでしょう。反対にリスクをまったく説明しない証券マンは、NGです。

仮にあなたが、証券マンがすすめてきた商品を理解できなかった場合、どうしますか。よくわからない場合は、まず**初心者は絶対に手を出さないこと**です。何度説明を聞いても理解できない商品を、繰り返しすすめてくる証券マンも問題です。それはたぶん証券マン自身が、内容を理解していないのです。そのような証券マンとつき合っていては、非常に危険です。

デリバティブの金融商品は、種類がさまざまで内容も複雑。証券マン自身がわかっていない場合も実は多いのです。アメリカのサブプライムローンが破綻したのは、ウォール街で売っていた証券マン自身が、内容を理解していなかったからです。後に商品の内容が専門家によって詳しく解明されると、実にいい加減な商品だったことが判明しました。しかしその時はもうすでに遅かったのです。

あなたがよく理解できない商品を何度もすすめてくる証券マンや、わかりやすく説明することができない証券マンは、失格とみなしたほうがいいでしょう。

証券マンの人柄と同時に、大事なのは能力です。今の経済や国際情勢をどれだけ把握しているか？相場観はどうか？などによって、その証券マンの能力が分かります。人柄が良く有能な証券マンと取引すべきです。

どちらにしても、証券マンが持ってくる情報、すすめてくる金融商品は、あくまでも参考例です。すぐに関心を持って食いつくのは、危険です。あくまでも数ある情報、商品の中の1つの参考として受け取らなくてはならない。そして最終的判断をするのは、あなた自身。自分で判断することが最も大切です。

「有名証券会社の営業マンに儲かると言われた」

「とても運用成績のよい投資信託だとすすめられた」

という程度で投資をしていては、いずれ資金は底を尽きます。

論外ですが、**利回り保証をしてくるような営業マンは、即刻、出入り禁止にしたほうがいいでしょう。**証券マンに限らず、投資案件で、そういう類いのセールスをしてくる者は、ほとんどが詐欺ですから十分気をつけてください。

投資の世界のことを少しでも理解していれば、利回り保証などあるわけがないことはすぐに分かるはずです。銀行の利回り保証は0・01%。それなのに5%、10%を保証するというのは、詐欺に決まっています。しかしそういうことも知らない人が、実は日本にはまだたくさんいることに私はショックを禁じ得ません。これは**金融リテラシー**（金融に関する基本的な知識や技術）がない、つまりお**金に関する教養**がない、というのが原因の背景にあります。そういう勉強をしてこなかった本人の問題であり、これでは投資で成功することは覚束かないでしょう。

次に、証券会社の選別は、どうしたらいいか。

有名どころの大手の証券会社ならいいだろう、という思いが初心者の方には特に多いと思います。私の考えでは、大手であれ、中堅であれ、会社の規模は問題ではありません。大手だからといって信用できるわけではなく、中堅だからといって信用できないわけではない。問題は、その証券会社の担当営業マンがどうか、ということであり、**営業マンの人物次第、人柄次第**なのです。証券会社とつき合うには、一にも二にも**担当営業マンの人柄と能力を見るべき**、と私は繰り返しアドバイスしておきます。

もう1つ、重要なことがあります。それは、相性の問題です。

あなたと営業マンの相性がどうか、です。やはりお互い人間ですから相性が影響する。大切なお金を託すのですから、やはり自分と相性のいい人を選ぶべきです。

一般論として、あなたと相性のいい営業マンを見分けるコツがあります。

あなたが聞いたことはすぐ返事をしてくれる営業マン。ほしい情報を伝えたら、すぐに報告してくれる営業マンは、相性がいい。応対が速い営業マンは、最高です。

そしててきぱきと返答する営業マン。約束を守る営業マン。

「資料を送ってくれ」と頼んだら、すぐ送ってくれる営業マンなら、おつき合いしてもいいでしょう。

これはもう人間性の問題なので、人それぞれの主観が入りますが、具体的な例を挙げれば、やはり自分と相性のいい人を選ぶのがやりやすいでしょう。

できれば、数ある証券会社の中から数社と接触して、気に入った会社、相性のいい営業マンのいる会社と付き合うのがいいでしょう。

現実は、使える資金の問題もありますし、多くの証券会社を試してみるのもなかなか難しい。そのため最低2、3社とつき合ってみて、応対のいいところ、応対のいい営業マンを見つけることが、一番間違いの少ない方法だと思います。会社は気に入っても、担当する営業マンの応対が悪い、自分と相性が悪いと感じた場合は、担当を変えてもらう。あるいは別の会社に変えたほうがいいでしょう。

最後に、特に初心者の方に重要なアドバイスがあります。

あなたが、証券会社の情報に基づいて金融商品を買ったり、投資した場合、**投資したものが全部損となったり**、あるいは**2回3回続けて損をした場合は、続けるのはやめたほうがいい**でしょう。

儲かる情報を持ってきて、人柄が真面目で、誠実な人柄の営業マンならばおすすめです。そのため、真面目で誠実な人を見分ける能力を、自分自身が身につけておくことが大切です。

ただ、真面目で誠実な営業マンであっても、儲からない情報を持ってくる場合は、それが二度、三度と続いたら、有能とは言えません。やはりその後のおつき合いはやめるべきです。有能な営業マンとは、顧客を儲けさせる情報を持ってくる人です。

Q

今、投資にどのくらいの資金をつぎ込むか、迷っています。手持ち資金の何割ぐらいが妥当でしょうか?

A

株式投資で投資をする場合は、自己資金の中で、余裕がある範囲内で投資するのがいいことは、自明の理です。

退職金を丸ごと株に投資して、大暴落で真っ青になるというのは最悪のケースです。1つの考え方としては、**資産の3分の1、あるいは半分を常に流動性のある預金として預け、残りの3分の1、もしくは半分を投資に使う**という方法があります。

保守的な人は、資金の25％ぐらいを株に投資する場合が多い。それでも、成功すると最初の投資資金が何倍にもなるので、やはりやり方次第です。

積極的なら資産の50～60％、中立的なら資産の30～40％、慎重にいくなら資産の20～25％というところでしょうか。

もちろんリスクが常に付きまといますから、十分な準備をしておく必要はあります。

それには知力と体力の錬磨、これはもうエンドレスでやること。

くどいようですが、これが一番安全な予防策です。

Q 株以外の投資でおすすめの投資はありますか？

A

投資信託は、パフォーマンスのいいものも中にはあります。

過去の運用成績がいいものを調べて、運用成績のよい投資信託を買うというのも、1つの方法でしょう。

運用成績のよい投資信託に投資して、そのファンドの投資をチェックしたり、レポートを読んで参考にするというようなやり方をおすすめします。

しかし私の投資指南は、あくまで、「自分でやる」ことが大前提ですので、自分でやる自信のない人は、是が非でも自信をつける努力をしてもらいたい。自分の投資頭脳を磨いて、少額な資金からでもいいから投資する。

投資のレッスンは失敗と成功の繰り返しですから、失敗の経験なくして成功することはあり得ません。

自分で小額のファンドを立ち上げるつもりでやってみてはいかがでしょうか？

しかし大きな失敗、二度と立ち上がれないような失敗は、もちろん絶対に回避しなくてはいけません。

まずは余裕のある資金内で始めて、投資で成功して、余裕が出てきたら、もう少し大きな金額を投資するというのが理想的です。そこへ行くまでに挫折する人がいますので、最初の出だし、準備が非常に重要になってきます。スタートで、致命傷を負わないようにしなければなりません。

最初は慎重に、徐々に成功して投資金額を拡大していくというのが、理想的なパターンです。

ＦＸは、丁半博打《ちょうはんばくち》に近い性質なので、損をすると直ちにお金がなくなります。

株の場合は失敗しても全額なくなるということはありません。１０００万円投資して、３割損をすると３００万円の損。１０００万すべてがなくなるわけではない。**しかし為替相場では投資したものがすべてゼロになる可能性があります。**なぜなら**ＦＸは多くの場合、レバレッジ（元手の何倍もの金を信用で借りて投資ずる）を効かせている**からです。

現在レバレッジは、一般的に、25倍くらいまでかけられます。５％下がったら元金はもうすべてパアです。

たとえば、１００万円の元金でドルを２０００万円（20倍）買ったとしたら５％の値下がりで、１００万円の損です。元金が消失します。

ＦＸは非常にリスクが高い金融商品であることを知っておく必要があります。

ミセスワタナベ※などは、主婦やＯＬさんたちが少額でやっているので成功しているのでしょう。５万、10万の単位でおそらくやっているはず。だから仮に負けても10万円が飛ぶだけで、立ち直れるわけです。

繰り返しますが、ＦＸはレバレッジがかけられます。１００万あれば10倍でも１０００万円投資することができるため、非常にリスキーです。資金が少ない人にとっては、ＦＸで種銭をつくるのにはチャンスかもしれませんが、当然リスクも非常に高い。オール・オア・ナッシング、丁半博打に近いと私が

※ **ミセスワタナベ**：日本の個人投資家。投資の素人であり、主婦層を指すことが多い。主にFXなど外国為替市場で使われる隠語的表現。

言う理由はこれです。

株は、丁半博打ではなく、本来は長期的な投資手段です。

いい会社に投資をすればどんどん資産が膨らむ可能性がある。戦後、トヨタや今のパナソニック（旧松下電器）、ソニーに投資して、長年の間に、資産が10倍、100倍になったという例はよく聞きます。しかし為替にはそれがない。

為替は今日明日の勝負であり、それこそ投資の初心者にはまったく不向きです。ただし、誰でも比較的簡単な手続きで、小額から始められるというメリットがあります。

一般論としては、株以外ならば、投資信託、ETF（上場投資信託）に投資するのがいいでしょう。

とくにETFは、株の売買と同じように取引できます。日経平均株価やTOPIX（東証株価指数）に連動し、会社を個別に選ぶ必要がなく、10万円程度から始めることができるので、注目を集めているようです。なお、投資信託よりも手数料が安いことも特徴です。

経済雑誌などで年中特集を組んでいますので、それを参考にしてやってみるのもいい。

投資信託のいい点は、例えば、△△ファンドに投資をすると、前述したように、投資信託会社から投資した銘柄のレポートが定期的に送られてきます。プロと呼ばれる人たちが投資した銘柄を、自分なりに研究してみることができます。

実際の投資信託には少額投資をして、レポートの中で見つけたいい銘柄には、自分で判断してドンと投資する。そういう方法もあります。

レポートには、プロがどんな銘柄を売り、どんな銘柄を買ったのかが記録されていて、銘柄の入れ替えのレポートが定期的に送られてきます。これもとても勉強になるはずです。

いい投資信託会社に投資して、彼らが投資している株をじっくり研究する。おすすめの方策の1つです。

【編集部注】

株式投資はリスクの高い投資です。著者も指摘の通り、リスクを十分にご理解されたうえで、読者の皆様の責任において投資判断してくださいますようお願い申し上げます。本書を参考にした投資によるいかなる結果についても、著者および弊社は一切責任を負うことはできません。あらかじめご了承ください。

著者略歴

菅下 清廣（すがした　きよひろ）

国際金融コンサルタント、投資家、スガシタパートナーズ株式会社代表取締役社長、立命館アジア太平洋大学学長特別顧問。

ウォール街での経験を生かした独自の視点で相場を先読みし、日本と世界経済の未来を次々と言い当ててきた「富のスペシャリスト」として名を馳せ、「経済の千里眼」との異名も持つ。

経験と人脈と知識に裏打ちされた首尾一貫した主張にファンも多く、政財界はじめ各界に多くの信奉者を持っている。

著書に、ベストセラーとなっている『今こそ「お金」の教養を身につけなさい』（PHP研究所）、『新しいお金の流れに乗りなさい』（徳間書店）、『資産はこの「黄金株」で殖やしなさい！』（実務教育出版）など多数。

メールマガジンも好評配信中（無料）

「スガシタレポートオンライン」は、http://sugashita.jp から登録できます。

株《かぶ》とチャートでお金《かね》持《も》ちになる！

2016年2月25日　初版第1刷発行

著　者　　菅下 清廣
発行者　　小山 隆之
発行所　　株式会社実務教育出版
163-8671 東京都新宿区新宿1-1-12
電話　03-3355-1812（編集）　03-3355-1951（販売）
振替　00160-0-78270

印刷所　　図書印刷
製本所　　図書印刷

　ISBN978-4-7889-1172-7 C0034